EBERHARD LOPAU

**Surrogationsansprüche und Bereicherungsrecht**

Schriften zum Bürgerlichen Recht

Band 4

# Surrogationsansprüche und Bereicherungsrecht

Der Gegenstand der Ansprüche auf Herausgabe des rechtsgeschäftlichen Surrogates und die Regelung des diesen Ansprüchen zugrunde liegenden Interessenkonfliktes im Recht der ungerechtfertigten Bereicherung (zugleich ein Beitrag zum Problem der Übertragbarkeit von Gestaltungsrechten)

Von

Dr. Eberhard Lopau

DUNCKER & HUMBLOT / BERLIN

Alle Rechte vorbehalten
© 1971 Duncker & Humblot, Berlin 41
Gedruckt 1971 bei Richard Schröter, Berlin 61
Printed in Germany

ISBN 3 428 02542 3

# Inhaltsübersicht

*Erster Teil*

**Der Gegenstand der Ansprüche auf Herausgabe des rechtsgeschäftlichen Surrogates**

§ 1 *Einleitung* .................................................... 11

    I. Die Auslegungsmethode der „internen Rechtsvergleichung" .. 11

    II. Die Eingrenzung des Untersuchungsgegenstandes ............ 12

§ 2 *Der Erlös als Gegenstand der Ansprüche aus §§ 281 Absatz I, 816 Absatz I Satz 1* ............................................ 14

    I. Die mißglückte Formulierung der Vorschrift des § 816 Abs. I Satz 1 ...................................................... 14

    II. Die Auslegung des § 281 Abs. I im Hinblick auf die Einbeziehung des rechtsgeschäftlichen Surrogats in den Anwendungsbereich des § 281 ............................................ 15

    III. Die Thesen Beckers zur Auslegung der §§ 281 Abs. I, 816 Abs. I Satz 1 ...................................................... 18

§ 3 *Die Begrenzung der Pflicht zur Herausgabe des Erlöses durch den Wert des Verfügungsgegenstandes* .................................. 21

    I. Die in der Literatur herrschende Lehre ...................... 21

    II. Die systematische Auslegung des § 816 Abs. I Satz 1 .......... 23

    III. Die Wertung der kollidierenden Interessen in § 816 Abs. I Satz 1 23

§ 4 *Die Angleichung der Haftung gem. § 281 Absatz I einerseits und §§ 816 Absatz I Satz 1, 818, 819 andererseits* ....................... 24

§ 5 *Die Auswirkungen der Hinfälligkeit des der Verfügung zugrunde liegenden Kausalgeschäfts auf die Surrogationsansprüche* ........ 25

    I. Der der Rückgewährpflicht unterliegende Erlös als Gegenstand der Surrogationsansprüche .................................. 26

        1. Die Lehre von der Unmöglichkeit im Hinblick auf § 281 Abs. I 26

        2. Die Auslegung der Tatbestandsmerkmale „Verfügung" und „erlangt" .................................................. 27

3. Die Auffassung des Reichsgerichts .................... 28
4. Die Lösung des Problems nach den Auslegungsgrundsätzen der sog. Interessenjurisprudenz ......................... 28

II. Der Rückgewähranspruch des Schuldners als Gegenstand der Surrogationsansprüche ................................... 31

1. Die Indifferenz einer am Wortlaut der §§ 281 Abs. I, 816 Abs. I Satz 1 orientierten Auslegung .................... 31
2. Die Einordnung der Doppelkondiktionenlehre in diesen Problemkreis ............................................. 32
3. Der Fall der fehlgeschlagenen Hypothekenrangvereinbarung 33
4. Die Interessen des Rückgewährschuldners als maßgebliches Kriterium der Problemlösung .......................... 33
5. Die Rechtsfigur des „mittelbar bösgläubigen Erwerbs" .... 34

§ 6 *Die Gestaltungsrechte als Gegenstand von gesetzlichen Surrogationsansprüchen — Einführung in den Problemkreis* ............ 35

I. Die Rückgewährschuldverhältnisse auslösenden Gestaltungsrechte und verwandte Rechtserscheinungen ................ 35
II. Die Gestaltungsrechte als „durch" die Verfügung bzw. „infolge" der Verfügung Erlangtes ........................... 36
III. Die Gestaltungsrechte als vermögenswerter rechtlicher Vorteil 38

§ 7 *Eine Analyse der im Rahmen eines Surrogationsanspruchsverhältnisses beteiligten Interessen im Hinblick auf Gestaltungsrechte des Schuldners* ................................................. 39

I. Die Interessen des Gestaltungsgegners .................... 39
II. Die Verlagerung des Interesses an der Ausübung von Gestaltungsrechten auf den Gläubiger des Surrogationsanspruchs .. 40
III. Das Erfordernis einer konkreten Betrachtungsweise zur Lösung des Problems ...................................... 41

§ 8 *Die Anfechtungsrechte als Gegenstand von Surrogationsansprüchen* 41

I. Die Anfechtungsrechte gem. § 119 Abs. I .................. 42
1. Das Anfechtungsrecht als Instrument zur Durchsetzung des Willensdogmas ....................................... 42
2. Das Anfechtungsrecht als Instrument zur Verfolgung von Vermögensinteressen ................................. 44

II. Die Anfechtungsrechte gem. § 119 Abs. II ................. 45
1. Der Irrtum über verkehrswesentliche Eigenschaften einer Sache ............................................... 45
2. Der Irrtum über verkehrswesentliche Eigenschaften einer Person .............................................. 45

III. Die Anfechtung gem. § 123 ............................... 47

## § 9 Sonstige Gestaltungsrechte als Gegenstand der gesetzlichen Surrogationsansprüche .................................................. 49

    I. Die Rechte auf Wandlung und Minderung ................... 49

    II. Die Rechte aus §§ 325, 326 ................................ 49

    III. Die Gestaltungsrechte wegen positiver Vertragsverletzung .... 50

    IV. Die Kündigungsrechte .................................... 51

## § 10 Die Form der Herausgabe der Gestaltungsrechte ................ 52

    I. Der Streitstand ........................................... 53

        1. Die Anwendbarkeit des § 413 ........................... 53

        2. Die selbständige Übertragbarkeit der Gestaltungsrechte .... 54

        3. Die gemeinsame Übertragung von Gestaltungsrechten zusammen mit anderen Rechten ............................... 55

        4. Die sog. „materielle Übertragung des Rücktrittsrechts" in der Lehre von Seckel ....................................... 56

    II. Der Geltungsbereich des von der herrschenden Lehre behaupteten Dogmas von der Unübertragbarkeit der Gestaltungsrechte ................................................... 56

        1. Die Problematik der Untersuchungen von Waltermann .... 57

        2. Die Einschränkung des Geltungsbereichs des Dogmas von der Unübertragbarkeit der Gestaltungsrechte im Hinblick auf seine Begründung ................................... 57

        3. Die Übertragbarkeit von Gestaltungsrechten im Falle des Bestehens eines gesetzlichen Anspruchs auf Herausgabe des Gestaltungsrechts ...................................... 58

    III. Die Form der Übertragung von Gestaltungsrechten .......... 59

        1. Die Abtretung gem. §§ 413, 398 ff. ...................... 59

        2. Die Rechtsposition des Zessionars ....................... 60

            a) Die Anwendbarkeit des § 121 ....................... 61

            b) Die Schadensersatzpflicht des § 122 ................. 61

        3. Andere Vorschläge betreffend die Form der Herausgabe von Gestaltungsrechten ..................................... 62

            a) Der Übergang der Gestaltungsrechte in Verbindung mit der Übertragung anderer Vertragsrechte ............... 62

            b) Die Ermächtigung zur Ausübung von Gestaltungsrechten gem. § 185 ......................................... 63

            c) Die Verpflichtung des Inhabers zur Ausübung der Gestaltungsrechte ..................................... 66

## § 11 Das Erfordernis einer Übertragung der Gestaltungsrechte ........ 67

    I. Die Gestaltungsrechte im Rahmen von Rechtsgeschäften des falsus procurator ......................................... 68

    II. Die These Flumes zum Eigentumserwerb des mittelbar Vertretenen ................................................... 69

III. Gestaltungsrechte im Rahmen von Geschäftsbesorgungsverhältnissen ........................................................ 70

§ 12 Die Durchsetzung des Anspruchs auf Abtretung der Gestaltungsrechte im Prozeß ................................................. 70

*Zweiter Teil*

**Die Regelung des den Surrogationsansprüchen zugrunde liegenden Interessenkonfliktes im Recht der ungerechtfertigten Bereicherung**

§ 13 Das Problem: Ergänzung der Interessenschutzposition des Gläubigers der §§ 281 Absatz I, 816 Absatz I Satz 1 durch Wertersatzansprüche ................................................................. 72

§ 14 Die Qualifizierung der Eingriffskondiktion als Wertersatzanspruch  75

§ 15 Der Wertersatzanspruch wegen der Verfügung eines Nichtberechtigten gem. § 812 Absatz I Satz 1 ........................................ 78

    I. Die Verdrängung des § 812 Abs. I Satz 1 durch § 816 Abs. I Satz 1 ............................................................... 78

    II. Die Überprüfung der „Verdrängungslehre" an der Entstehungsgeschichte der Vorschrift des § 816 Abs. I Satz 1 .............. 78

    III. Die Argumentation der Rechtsprechung ...................... 79

    IV. Die Gewährung eines Wertersatzanspruchs in Form der Eingriffskondiktion neben dem Surrogationsanspruch aus § 816 Abs. I Satz 1 ...................................................... 80

    V. Das Verhältnis der Ansprüche aus § 812 Abs. I Satz 1 und § 816 Abs. I Satz 1 zueinander .................................. 82

§ 16 Der Wertersatzanspruch des Gläubigers wegen vertragswidriger Verfügung des Schuldners .............................................. 84

    I. Die Forderung als Eingriffsgegenstand im Sinne der Lehre von der Eingriffskondiktion ........................................ 84

        1. Die Lehre vom Zuweisungsgehalt .......................... 85

        2. Die Einwände gegen die Lehre vom Zuweisungsgehalt .... 86

        3. Der Rechtsinhalt als maßgebendes Kriterium für die Auslösung einer Eingriffskondiktion ........................... 87

        4. Die Eingriffskondiktion des Gläubigers bei Verletzung des Forderungsrechts durch den Schuldner und die Irrelevanz von „Eingriffen" Dritter ..................................... 88

        5. Das Verhältnis zwischen allgemeinem Schuldrecht und Bereicherungsrecht .............................................. 90

    II. Die Anwendungsfälle der Kondiktion wegen Eingriffs in ein Forderungsrecht ................................................. 91

## Inhaltsübersicht

    1. Die vom Schuldner zu vertretende Unmöglichkeit .......... 91

    2. Die vom Schuldner verursachte, aber von ihm nicht zu vertretende Unmöglichkeit ............................... 91

       a) Der Ausschluß von Bereicherungsansprüchen durch die gesetzliche Unmöglichkeitsregelung ................... 91

       b) Die Sachgerechtigkeit von Bereicherungsansprüchen im Falle der Verwertung des Forderungsgegenstandes durch Verbrauch oder Veräußerung des Schuldners ........... 92

    3. Die Eingriffskondiktion wegen Gebrauchs des Forderungsgegenstandes durch den Schuldner ...................... 93

  III. Das Verhältnis der Ansprüche aus § 281 und § 812 zueinander — Die Eingriffskondiktion im Rahmen eines gegenseitigen Vertrages ..................................................... 94

§ 17 *Schlußbemerkungen und Zusammenfassung* ..................... 95

**Schrifttumsverzeichnis** ............................................. 96

## Abkürzungen

| | |
|---|---|
| a.A. | anderer Ansicht |
| a.a.O. | am angegebenen Ort |
| Abs. | Absatz |
| AcP | Archiv für die zivilistische Praxis (Band, Seite) |
| a.E. | am Ende |
| a.M. | anderer Meinung |
| BGH | Bundesgerichtshof, Entscheidungen in Zivilsachen (Band, Seite) |
| D. | Digesten |
| E 1 (2) | erster (zweiter) Entwurf zu einem Bürgerlichen Gesetzbuch |
| h. L. | herrschende Lehre |
| f. | folgend |
| i.V.m. | in Verbindung mit |
| JR | Juristische Rundschau (Jahr, Seite) |
| JW | Juristische Wochenschrift (Jahr, Seite) |
| JuS | Juristische Schulung (Jahr, Seite) |
| JZ | Juristen-Zeitung (Jahr, Seite) |
| MDR | Monatsschrift für Deutsches Recht (Jahr, Seite) |
| m.w.N. | mit weiteren Nachweisen |
| NJW | Neue Juristische Wochenschrift |
| OGH | Oberster Gerichtshof für die Britische Zone |
| OLG | Oberlandesgericht |
| (Das) Recht | Zeitschrift; seit 1935 als Beilage zur Deutschen Justiz (Jahr, Nr. der Entscheidung) |
| RGRK | Kommentar, herausgegeben von Reichsgerichtsräten und Bundesrichtern |
| S. | Seite |
| sc. | scilicet (nämlich ...) |
| Seuff. A(rch) | Seufferts Archiv für Entscheidungen der obersten Gerichte in den deutschen Staaten (Band, Nr.) |
| s. o. | siehe oben |
| Warn. | Warneyer, Die Rechtsprechung des Reichsgerichts (Jahr, Nr.) |
| ZPO | Zivilprozeßordnung |

Wenn Gesetzesvorschriften nach §§ zitiert und das Gesetz nicht besonders bezeichnet ist, handelt es sich um das Bürgerliche Gesetzbuch (BGB).

Werden mehrere Auflagen desselben Werkes benutzt, beziehen sich Zitate ohne Angabe der Auflage auf die letzte Auflage.

Bei mehreren Werken desselben Verfassers ist das jeweilige Werk mit abgekürztem Titel zitiert.

*Erster Teil*

# Der Gegenstand der Ansprüche auf Herausgabe des rechtsgeschäftlichen Surrogates

## Einleitung*

I. Das im Jahre 1909 veröffentlichte Werk von Fritz Schulz „System der Rechte auf den Eingriffserwerb"[1] beruht wesentlich auf der Erkenntnis, daß das BGB an verschiedenen Stellen denselben Gedanken verwirklicht. „In dieser Diaspora liegt der Grund dafür, daß man die verschiedenen Erscheinungsformen dieses Rechts noch nie unter dem Gesichtspunkt ihrer Zusammengehörigkeit untersucht hat. Man hat jeden einzelnen Fall isoliert für sich behandelt, und die unvermeidliche Folge war hier wie immer: Die rechtliche Normierung der einzelnen Fälle zeigt eine bunte Fülle von Besonderheiten und Verschnörkelungen, zu denen der Gesetzgeber und die interpretierenden Juristen gelangt sind, weil sie so die Verwandtschaft der Fälle nicht erkannt haben. Fehlt aber ein vernünftiger Grund dafür, ähnliche Fälle verschieden zu behandeln, so ist die Fülle der Variationen unter allen Umständen unnütz und gefährlich zugleich, schon deshalb, weil jeder neue Rechtssatz einer neuen Interpretation bedarf[2]."

Diese methodische Konzeption der Untersuchung verschiedener Anspruchsnormen unter dem Gesichtspunkt ihrer Zusammengehörigkeit als Erscheinungsformen desselben Rechtsgedankens[3] verdient Zustimmung. Daß Schulz mit seinem System der Rechte auf den Eingriffserwerb diese Methode überspannt hat, indem er zum Teil unvergleichbare Fälle einer einheitlichen Lösung zuführen wollte und daher

---

* Die Arbeit ist im wesentlichen 1968 abgeschlossen worden. Später erschienene Literatur wurde teilweise noch eingearbeitet. Die grundlegenden Darstellungen von Kellmann, Grundsätze der Gewinnhaftung, Berlin 1969, und von Kleinheyer, Rechtsgutsverwendung und Bereicherungsausgleich, JZ 1970, 471 f., konnten nicht berücksichtigt werden, da eine Auseinandersetzung mit ihnen die Akzente dieser Arbeit wesentlich verschoben hätte.
[1] AcP 105, 1.
[2] *Schulz* S. 3.
[3] Es handelt sich gleichsam um „interne Rechtsvergleichung".

hauptsächlich auf Widerspruch gegen sein System gestoßen ist[4], diskreditiert die Methode nicht.

II. Als Rechte auf den Eingriffserwerb versteht Schulz u. a. auch den Ersatzherausgabeanspruch gem. § 281 und den Anspruch gegen den rechtswidrig Verfügenden nach § 816 Abs. I Satz 1. Er sieht in den beiden Anspruchsnormen verwandte Fälle[5]. Ebenso bezeichnet Heck beide Vorschriften „als zwei Ausprägungen desselben Grundgedankens"[6]. In der Tat entsprechen sich der Anspruch aus § 281 Abs. I und der aus § 816 Abs. I Satz 1 in mancher Hinsicht; handelt es sich doch in beiden Fällen darum, daß der Gläubiger wegen der Vereitelung eines ihm zustehenden Rechts die Herausgabe der Vorteile verlangen kann, die dem Schuldner infolge der Rechtsvereitelung zugeflossen sind: § 281 Abs. I regelt den Fall der Vereitelung eines schuldrechtlichen Anspruchs durch einen die Leistungsunmöglichkeit bewirkenden Umstand, während § 816 Abs. I Satz 1 die Rechtsfolgen für den Fall des Verlusts eines Rechts an einem Gegenstand durch eine dem Berechtigten gegenüber wirksame Verfügung eines Nichtberechtigten bestimmt[7].

Die den §§ 281 Abs. I, 816 Abs. I Satz 1 zugrunde liegende Rechtsidee wird häufig als Surrogationsprinzip bezeichnet[8]. In Anlehnung daran

---

[4] *Lautz* S. 58; dazu vor allem *Jakobs* S. 154, dessen Verständnis der Eingriffskondiktion weitgehend in den Thesen von *Schulz* zum Eingriffserwerb wurzelt, ohne daß er dessen System anerkennt.

[5] *Schulz* S. 12 f.

[6] *Heck* S. 104.

[7] Im Verhältnis zueinander sind somit beide Vorschriften lückenlos abgegrenzt. Entgegen *Georgiades*, Anspruchskonkurrenz, S. 192, kann es nicht vorkommen, daß der Gläubiger im konkreten Fall seinen Anspruch außer auf die §§ 604, 281 zugleich auf § 816 Abs. I Satz 1 stützen kann. Verfügt der Entleiher treuwidrig über die Leihsache, kann der Verleiher den Erlös nur nach § 816 Abs. I Satz 1 herausverlangen. Ein Anspruch aus § 281 scheitert daran, daß der Erlös vom Verfügungsempfänger für die Verschaffung des Eigentums durch den Entleiher entrichtet worden ist, während der Verleiher gegen den Entleiher nur einen Anspruch aus § 604 auf Rückübertragung des Besitzes hatte. Es fehlt an der nach § 281 Abs. I erforderlichen Identität des von der Unmöglichkeit der Leistung betroffenen geschuldeten Gegenstandes und des Gegenstandes, für den der Schuldner den Ersatz erlangt hat; vgl. dazu RG 88, 287; BGH 25, 9): „Nur dann, wenn der Ersatz für den Gegenstand geleistet ist, der geschuldet war und dessen Leistung unmöglich geworden ist, kann der Gläubiger die Herausgabe des Ersatzes verlangen" (BGH 25, 8). Gemäß § 604 ist geschuldet die Rückübertragung des *Besitzes*, während der treuwidrig verfügende Entleiher den Kaufpreis für die Übertragung des *Eigentums* erzielt.

[8] *Staudinger-Werner* § 281, 1; *Palandt-Danckelmann* § 281, 2a; *Soergel-Reimer Schmidt* § 281, 2 bezeichnet die Regelung des § 281 als Wertsurrogation; *Enneccerus-Lehmann* S. 202 spricht von „sog. Surrogation". Schon die Motive, Bd. 2, S. 46 verwenden in diesem Zusammenhang den Begriff „Surrogation". Als Ausfluß des Surrogationsgedankens sehen *Esser* I S. 210 und *Viebig* S. 52 die Vorschrift des § 816 Abs. I Satz 1 an; gegen Einordnung des § 816 Abs. I Satz 1 unter den Surrogationsgedanken mit bereicherungsrechtlichen Erwägungen *Jakobs* S. 55 f.

kann man von den Ansprüchen aus §§ 281 Abs. I, 816 Abs. I Satz 1 als von Surrogationsansprüchen sprechen. Mit dieser Bennung soll nicht zu zu der Auseinandersetzung um einen engen oder weiten Surrogationsbegriff Stellung genommen werden[9].

Die Surrogationsansprüche der §§ 281 Abs. I, 816 Abs. I Satz 1 werfen besondere Probleme hinsichtlich des Inhalts des Anspruchs auf, die Gegenstand der folgenden Erörterungen sind. Die Untersuchungen beschränken sich auf die Fragen des *rechtsgeschäftlichen* Surrogates als Gegenstand der Ansprüche aus §§ 281 Abs. I, 816 Abs. I Satz 1. Denn nur insoweit läßt sich eine einheitliche Erörterung des Inhalts der Ansprüche aus §§ 281 Abs. I, 816 Abs. I Satz 1 überhaupt durchführen. Die Fragen, die sich bezüglich des *gesetzlichen* Surrogates als Gegenstand des Anspruchs aus § 281 Abs. I stellen, müssen hier außer Betracht bleiben. Sie treten ausschließlich im Rahmen der Vorschrift des § 281 auf; für ihre Darstellung ist somit in einer *vergleichenden* Untersuchung der §§ 281 Abs. I, 816 Abs. I Satz 1 kein Raum. § 281 wird in den folgenden Ausführungen nur berücksichtigt werden, soweit sich der Anspruch auf Herausgabe des rechtsgeschäftlichen Surrogates richtet.

Die Problematik des Gegenstands der Ansprüche auf Herausgabe des rechtsgeschäftlichen Surrogates wird in folgendem Grundfall anschaulich: Der Schuldner verkauft und übereignet einem Dritten eine Sache, obwohl

a) nicht der Schuldner, sondern der Gläubiger Eigentümer der Sache ist, oder

b) der Schuldner als Eigentümer der Sache verpflichtet ist, dem Gläubiger die Sache zu übereignen.

Im Verhältnis zwischen Gläubiger und Schuldner können sich nun folgende Fragen ergeben betreffend den Gegenstand des Anspruchs auf Herausgabe des rechtsgeschäftlichen Surrogates: Kann der Gläubiger vom Schuldner Herausgabe des von dem Verfügungsempfänger gezahlten Kaufpreises verlangen? Wie bemißt sich die Herausgabepflicht, wenn der Kaufpreis den Wert des Verfügungsgegenstandes übersteigt? Welche Bedeutung hat es, wenn die Gegenleistung des Verfügungs-

---

[9] Die Verfechter eines engen Surrogationsbegriffs, insbesondere *Beyer* S. 6 und *Sauter* S. 11 Fußnote 2, subsumieren unter den Begriff der Surrogation nur den Fall, daß ein Gegenstand aus dem Vermögen ausscheidet und für ihn ein anderer Gegenstand selbst — also nicht etwa nur der Anspruch auf ihn — unabhängig vom Willen des Erwerbers in das Vermögen, dem der ausgeschiedene Gegenstand angehört hat, eintritt, während nach dem weiten Surrogationsbegriff (vgl. *Viebig* S. 52) ausreicht, wenn nur persönliche Rechte den als Ersatz für einen anderen eintretenden Gegenstand mit dem Vermögenssubjekt verbinden. Diese Divergenz der Begriffe ist ohne praktische Auswirkungen, ein bloßer Streit um Worte.

empfängers nicht in Geld, sondern in einem für den Gläubiger wertlosen oder in einem nicht herausgabefähigen Gegenstand besteht? Welchen Einfluß hat der Umstand, daß der Kaufvertrag nichtig oder in ein Rückgewährschuldverhältnis umgewandelt ist, auf den Gegenstand der Surrogationsansprüche? Und schließlich: Wie wirkt sich die Tatsache, daß im Hinblick auf die Veräußerung des Schuldners rechtsvernichtende oder Rückgewährschuldverhältnisse auslösende Gestaltungsrechte des Schuldners bestehen, auf das Surrogationsanspruchsverhältnis aus?

All diese Probleme stehen in einem engen — durch das Thema dieser Dissertation bezeichneten — Zusammenhang. Dennoch ist die Problematik des Gegenstands der Ansprüche auf Herausgabe des rechtsgeschäftlichen Surrogates bisher nicht in einer Gesamtdarstellung behandelt worden[10]. Diese Lücke zu füllen, sollen nachstehende Ausführungen dienen.

### § 2 Der Erlös als Gegenstand der Ansprüche aus §§ 281 Absatz I, 816 Absatz I Satz 1

I. Ausgangspunkt der Interpretation der Surrogationsansprüche ist der Wortlaut der gesetzlichen Vorschriften. Gemäß § 816 Abs. I Satz 1 ist der Schuldner dem Gläubiger „zur Herausgabe des durch die Verfügung Erlangten" verpflichtet. Die Formulierung dieser Vorschrift ist mißglückt. Denn „es ist ebenso sicher, daß dort die Gegenleistung, die infolge des der Verfügung zugrunde liegenden Kausalgeschäfts erlangt wird, gemeint ist, wie es auch unzweifelhaft ist, daß diese Gegenleistung streng genommen nicht durch die Verfügung selbst erlangt wird"[1]. Welchen Sinn sollte die Vorschrift des § 816 Abs. I Satz 1 sonst auch haben? Von ganz wenigen Ausnahmen[2] abgesehen ist daher auch niemals bezweifelt worden, daß § 816 Abs. I Satz 1 einen Anspruch auf Herausgabe des rechtsgeschäftlichen Surrogates, also einen Anspruch auf Herausgabe des vom Verfügenden erzielten Erlöses — der Gegenleistung des Verfügungsempfängers —, gewährt. Die Richtigkeit dieser Auslegung ist so evident, daß sie einer besonderen Begründung

---

[10] Der Zielsetzung dieser Arbeit am nächsten kommen noch die Untersuchungen von Fritz *Schulz*, der aber die Ansprüche auf Herausgabe des rechtsgeschäftlichen Surrogates seinem System der Rechte auf den Eingriffserwerb einordnet und so die besondere Kategorie der Surrogationsansprüche nicht erkennt.

[1] *Römer* AcP 119, 306; ähnlich *Westermann* S. 146.

[2] Vor allem *Becker*, Der Anspruch des Eigentümers auf den Erlös aus unberechtigter Verfügung, dazu ausführlich unter III. und neuerdings *Medicus* S. 293.

## § 2 Der Erlös als Gegenstand der Ansprüche aus §§ 281

— etwa der: gemäß wirtschaftlicher Betrachtungsweise bilden Verpflichtungsgeschäft und Verfügung eine Einheit — nicht bedarf[3].

II. Hingegen ist die Frage der Erstreckung der aus § 281 Abs. I resultierenden Herausgabepflicht auf das rechtsgeschäftliche Surrogat alsbald nach Inkrafttreten des BGB Gegenstand wissenschaftlicher Auseinandersetzung geworden[4]. Es geht darum, ob der Schuldner, dessen Leistung infolge anderweitiger Veräußerung des geschuldeten Gegenstandes unmöglich geworden ist, zur Herausgabe des Veräußerungserlöses an den Gläubiger verpflichtet sein soll. Die Materialien zum BGB schweigen zu dieser Streitfrage.

Als führender Vertreter der Auffassung, daß sich die Herausgabepflicht aus § 281 nicht auf das rechtsgeschäftliche Surrogat, das „commodum ex negatione", richtet, ist Kisch[5] zu nennen. Er stützt seine Ansicht insbesondere auf eine Interpretation des Ersatzbegriffs in § 281, indem er Ersatz und Äquivalent differenziert: „Ersetzt kann nur werden, was vorher vorhanden war, gegenwärtig aber fehlt[6]." Nach Kisch unterscheiden sich Ersatz und Äquivalent dadurch voneinander, daß jener eine eingetretene Vermögenslücke ausfüllt, während dieses überhaupt keine entstehen läßt. Daher könne es von einem Käufer im Gegensatz zum Sachbeschädiger niemals heißen, er habe eine gekaufte Sache zu ersetzen[7]. Entgegen Kisch läßt der allgemeine Sprachgebrauch, von dem mangels besonderer gesetzlicher Bestimmung des Begriffs „Ersatz" auszugehen ist[8], durchaus zu, vom Kaufpreis als einem Ersatz für den Kaufgegenstand zu sprechen.

Ein weiterer Einwand gegen die Anerkennung des rechtsgeschäftlichen Surrogates als Gegenstand des Anspruchs aus § 281 Abs. I lautet, daß das commodum ex negatione auf Grund des obligatorischen Grundgeschäfts erworben werde, während die Unmöglichkeit infolge der Veräußerung des geschuldeten Gegenstandes eintrete[9] und somit der Tatbestand des § 281 Abs. I im Falle der pflichtwidrigen Veräußerung des geschuldeten Gegenstandes an einen Dritten nicht erfüllt sei. Dieses Argument ist zwar logisch richtig. Ausschlaggebende Bedeutung kommt ihm jedoch nicht zu. Das Gesetz bezeichnet an anderer Stelle, nämlich in § 816 Abs. I Satz 1, das commodum ex negatione als das durch die Verfügung Erlangte. Dort läßt also das Gesetz die Abstraktheit der Verfügung außer acht und stellt auf den wirtschaftlichen Zusammen-

---
[3] Nichtsdestoweniger hat sich in der Literatur die genannte Begründung durchgesetzt; vgl. *Enneccerus-Lehmann* S. 203.
[4] *Kisch* S. 198 f.
[5] a.a.O. S. 198 f.
[6] *Kisch* S. 198.
[7] *Kisch* S. 199.
[8] *Römer* AcP 119, 310.
[9] *Kuhlenbeck* S. 95 f.

hang ab. Es ist daher mindestens möglich, Schuldvertrag und Erfüllungsgeschäft auch als einen einheitlichen Umstand im Sinne des § 281 Abs. I anzusprechen[10]. Wo aber sind die Gründe, die Erlangung eines rechtsgeschäftlichen Surrogates aus dem Anwendungsbereich des § 281 auszuscheiden[11]?

Als einen solchen Grund hat Kisch angesehen, daß das commodum ex negatione nicht „dem objektiven Wert der Leistung angepaßt, vielmehr durch die zufälligen Interessen und Bedürfnisse des Schuldners bestimmt" ist[12]. Dazu hat Kisch folgenden Fall gebildet: „Wer wollte z. B. dem Käufer eines Pferdes, wenn dieses nachträglich von dem Verkäufer gegen ein Gemälde umgetauscht wird, ein Recht auf dieses Gemälde zuerkennen[13]?" Wenn Kisch mit dieser Frage eine Unbilligkeit der gegenteiligen Auffassung dargetan zu haben glaubt, so trügt ihn sein Gerechtigkeitsempfinden. Die Grundidee des § 281 Abs. I ist: Die Vorteile, die der Schuldner im Zusammenhang mit der Unmöglichkeit der Leistung erlangt, gebühren nicht ihm, sondern dem Gläubiger, dessen Leistungsanspruch durch den Eintritt der Unmöglichkeit erloschen ist[14]. Der Gedanke trifft auch hinsichtlich des commodum ex negatione zu, gleichgültig, worin es im konkreten Fall besteht. Daß das rechtsgeschäftliche Surrogat vom Schuldner und seinem Vertragspartner bestimmt und daher in der Regel den persönlichen Interessen und Bedürfnissen des Schuldners angepaßt sein wird, die vielleicht bisweilen nicht mit denen des Gläubigers identisch sind, kann angesichts dieses Zweckes der Vorschrift des § 281 nicht zur Begründung dafür dienen, die Anwendung des § 281 Abs. I hier auszuschließen. Dem Gläubiger steht es ja frei, den Anspruch geltend zu machen. Er wird es z. B. unterlassen, wenn er den Wert des rechtsgeschäftlichen Surrogats geringer einschätzt als den Wert der gemäß § 323 Abs. II von ihm noch zu erbringenden Gegenleistung oder wenn er zugleich gemäß § 280 Schadensersatz verlangen kann und er Leistung des vollen Schadensersatzes der Herausgabe des commodum ex negatione unter Anrechnung auf den Schadensersatzanspruch nach § 281 Abs. II vorzieht. Somit steht das Argument Kischs, das rechtsgeschäftliche Surrogat werde

---

[10] *Römer* S. 306.
[11] So stellt — methodisch richtig — Fritz *Schulz* S. 12 f. die Ausgangsfrage. Damit erledigen sich manche Erörterungen in der modernen Literatur zum Kausalitätserfordernis in § 281, wie z. B. die Ausführungen von *Enneccerus-Lehmann* S. 203; *Staudinger-Kaduk* § 323, 83.
[12] *Kisch* S. 199.
[13] *Kisch* S. 199 Fußnote 3.
[14] *Larenz* I S. 228; *Wilburg* S. 46 f. führt zutreffend aus: „Der Ersatzanspruch wird mit der ursprünglichen Forderung, aus welcher er hervorwächst, identifiziert und erscheint gar nicht als ein selbständiges Recht, das eines besonderen Namens bedürfte. Es bleibt daher im Rahmen des schon bestehenden Schuldverhältnisses..."; ähnlich *Enneccerus-Lehmann* S. 204; *Blomeyer*, Schuldrecht, S. 135.

## § 2 Der Erlös als Gegenstand der Ansprüche aus §§ 281

von den Bedürfnissen und Interessen des Schuldners bestimmt und es müsse daher aus dem Anwendungsbereich des § 281 Abs. I BGB ausgeklammert werden, im Gegensatz zu der verbindlichen Interessenwertung des Gesetzes. Hinsichtlich des rechtsgeschäftlichen Surrogates hat das Gesetz die Interessen des Schuldners denen des Gläubigers hintangestellt. Man darf daher das rechtsgeschäftliche Surrogat nicht mit der Begründung, es sei von zufälligen Interessen und Bedürfnissen des Schuldners bestimmt, von der Herausgabepflicht des § 281 ausnehmen.

Ebenso unzutreffend ist die Lehre[15], die als Ersatz im Sinne des § 281 nur einen solchen Gegenstand betrachtet, der den ursprünglich geschuldeten wirtschaftlich zu vertreten oder dessen wirtschaftliche Funktion zu erfüllen vermag[16]. Das soll nur dann der Fall sein, wenn das rechtsgeschäftliche Surrogat in einem dem zu ersetzenden gleichartigen Gegenstand oder in einer dessen Wert entsprechenden Summe Geldes besteht[17]. Nach dieser Auffassung hätte der Schuldner es in der Hand, durch Vereinbarung einer dem geschuldeten Gegenstand ungleichartigen Gegenleistung die Herausgabepflicht zu vermeiden. Für eine unterschiedliche Behandlung von Sach- und Geldsurrogaten im Rahmen des § 281 Abs. I gibt das Gesetz keine Anhaltspunkte. Die Beschränkung des Ersatzbegriffs in § 281 auf solche Gegenstände, die dem ursprünglich geschuldeten gleichartig sind, ist daher abzulehnen[18].

Auch kann Römer nicht gefolgt werden, wenn er § 281 für unanwendbar hält bei unentgeltlichen Verbindlichkeiten, wie aus Schenkung und aus Vermächtnis; zur Begründung weist Römer auf den Affektionswert der geschuldeten Gegenstände, den die Ersatzstücke nicht haben[19]. Diese Einschränkung des Anwendungsbereichs des § 281 ist willkürlich und steht im Widerspruch zu Sinn und Wortlaut des § 281. Römer übersieht, daß der Gegenstand einer unentgeltlichen Verbindlichkeit außer dem Affektionswert auch einen Vermögenswert haben kann und in der Regel auch hat. Die unentgeltlichen Verbindlichkeiten bilden sogar die praktisch bedeutsamsten Anwendungsfälle des § 281[20].

Wie § 816 Abs. I Satz 1 gewährt somit auch § 281 Abs. I einen Anspruch auf Herausgabe des rechtsgeschäftlichen Surrogates[21, 22].

---

[15] *Römer* S. 349; *Allermann* S. 45; *Seefried* S. 51.
[16] Andeutungsweise so auch *Enneccerus-Lehmann* S. 202.
[17] *Seefried* S. 51.
[18] Im Ergebnis so auch *Himmelmann* S. 57.
[19] *Römer* S. 242.
[20] Weil bei den entgeltlichen Verträgen der Gläubiger gemäß § 323 Abs. II zur Erbringung der Gegenleistung verpflichtet bleibt, so daß die Geltendmachung des Anspruchs aus § 281 im Ergebnis nur dann vorteilhaft ist, wenn der Wert des Surogates den Wert der Gegenleistung übersteigt.
[21] Nochmals klargestellt in BGH 46, 260 ff. (264).

III. Gegen die im übrigen heute nicht mehr bestrittene Einordnung der §§ 281 Abs. I, 816 Abs. I Satz 1 als Ansprüche auf Herausgabe des rechtsgeschäftlichen Surrogates hat sich Becker in seiner Schrift „Der Anspruch des Eigentümers auf den Erlös aus unberechtigter Verfügung" gewandt. Seine Untersuchungen knüpfen an die Verpflichtung an, zu deren Erfüllung der Schuldner die Verfügung vorgenommen hat, die zur Leistungsunmöglichkeit geführt bzw. ein dingliches Recht des Gläubigers vereitelt hat. Nach Meinung Beckers hat sich die herrschende Lehre den Weg zu einer sachgerechten Interpretation selbst verstellt, indem sie nur die Fälle betrachtet hat, daß der Schuldner den Verfügungsgegenstand verkauft oder vertauscht hat. Demgegenüber bezieht Becker auch die einseitigen Verpflichtungen ein sowie sämtliche gegenseitigen, nicht nur die aus Kauf oder Tausch, sondern auch die aus Werkvertrag, Dienstvertrag oder Miete, wenn an Stelle des hier gewöhnlich in Geld bestehenden Entgelts eine bestimmte Sache gegeben wird[23]. Dazu bildet Becker Fälle, in denen die vom Dritten dem Verfügenden geschuldete Gegenleistung für den Gläubiger entweder wertlos oder der Anspruch auf sie nicht abtretbar ist. Erfüllt der Schuldner durch die Verfügung über die geschuldete Sache eine gesetzliche oder rechtsgeschäftliche einseitige Verpflichtung gegenüber dem Dritten, so existiert keine Gegenleistung, die Gegenstand des Anspruchs auf Herausgabe des rechtsgeschäftlichen Surrogates sein könnte. Die Fragestellung der herrschenden Lehre, ob § 281 (und ebenso § 816 Abs. I Satz 1) das rechtsgeschäftliche Entgelt betreffe, hält Becker deshalb für schief, weil sie einseitig auf die Fälle der entgeltlichen Weiterveräußerung zugeschnitten sei[24]. Hingegen will Becker alle Fallgestaltungen, in denen der Schuldner die Unmöglichkeit dadurch herbeiführt, daß er eine Verpflichtung gegenüber einem Dritten erfüllt, einheitlich entscheiden. Er sieht als Gegenstand der Ansprüche aus §§ 281 Abs. I, 816 Abs. I Satz 1 daher nicht das rechtsgeschäftliche Surrogat, sondern die Befreiung des Schuldners von der seiner Verfügung zugrunde liegenden Verbindlichkeit an[25].

---

[22] Die Verpflichtung des Schuldners zur Herausgabe des commodum ex negatione ist ein Novum in der deutschen Rechtsgeschichte. Das gemeine Recht versagte dem Gläubiger den Anspruch auf das commodum ex negatione. In der Vorgeschichte des § 281 und dem Umstand, daß die Materialien zu § 281 den Anwendungsfall der Verpflichtung zur Herausgabe des rechtsgeschäftlichen Surrogates nicht erwähnen, sieht *Kisch* S. 200 eine Stütze für seine oben im Text dargestellte Auffassung, daß die Verpflichtung aus § 281 nicht die Herausgabe des rechtsgeschäftlichen Surrogates umfasse. Diese Argumente aus Rechtsgeschichte und Gesetzesmaterialien überzeugen nicht.
[23] *Becker* S. 32, 65 f.
[24] *Becker* S. 35, 67.
[25] *Becker* S. 36 f., 68. Wie *Becker* nun auch *Medicus*, S. 293, der sich allerdings nicht auf *Becker* bezieht.

## § 2 Der Erlös als Gegenstand der Ansprüche aus §§ 281

Dabei ist sich Becker durchaus bewußt, daß er dieses Ergebnis für § 816 Abs. I Satz 1 nur „in grundsätzlicher Abkehr von den Gesetzesmaterialien" erzielen kann[26]. Das ist ihm aber kein unüberwindliches Hindernis, da „diese Meinung (sc. des Gesetzgebers) in keiner der verschiedenen Fassungen des jetzigen § 816 Abs. I Satz 1 ausdrücklicher Gesetzesinhalt geworden ist". Es bleibe somit „ein offenbarer Widerspruch zu der gesetzlichen Regelung vermieden, ... wenn die Befreiung von der Leistungsverpflichtung als die dem benachteiligten Eigentümer herauszugebende Bereicherung aufgefaßt wird. Denn auch die Befreiung von der Verpflichtung läßt sich zwanglos ... als das durch die Verfügung Erlangte bezeichnen"[27]. An die in den Motiven niedergelegte Absicht des Gesetzgebers sei man um so weniger gebunden, als sich mit einer abweichenden Auffassung bessere Ergebnisse erzielen lassen.

Als bessere Ergebnisse versteht Becker, daß jede Verfügung des Schuldners, mit der er ein Verpflichtungsgeschäft gegenüber dem Verfügungsempfänger erfüllt und dadurch einen schuldrechtlichen Anspruch oder ein dingliches Recht des Gläubigers vereitelt, einen Anspruch auf Wertersatz auslöst. Dieser Anspruch ist unabhängig von der Erlangung einer Gegenleistung durch den Schuldner und der Art und dem Umfang einer etwaigen Gegenleistung[28]. Damit denaturiert Becker die Ansprüche aus §§ 281 Abs. I, 816 Abs. I Satz 1 in Verbindung mit § 818 Abs. II (unmittelbar oder analog[29]) zu Wertersatzansprüchen.

Mit seiner These, daß der Schuldner in den Fällen der §§ 281 Abs. I, 816 Abs. I Satz 1 immer zur Herausgabe eines dem Wert des Verfügungsgegenstandes entsprechenden Geldbetrages verpflichtet ist, verändert Becker den Sinngehalt der Vorschriften grundlegend: Der Surrogationsgedanke tritt völlig zurück. Die Vorschriften rücken in die Nähe des Schadensersatzrechts, soll doch der Schuldner die Differenz zwischen dem Wert des Erlöses und dem höheren Wert des Verfügungsgegenstandes als Schaden tragen. Da ein Verschulden des Schuldners nicht Tatbestandsvoraussetzung der §§ 281 Abs. I, 816 Abs. I Satz 1 ist, wird hier ein Haftungstatbestand eingeführt, der daran anknüpft, daß der Schuldner rechtsgeschäftlich über den Gegenstand verfügt hat. Damit ist das im deutschen Zivilrecht geltende Prinzip der Verschuldenshaftung verlassen, ohne ausreichende gesetzliche Grundlage und unter Hintansetzung berechtigter Schuldnerinteressen. Mag Becker seine Lehre auf den Wortlaut der §§ 281 Abs. I, 816 Abs. I Satz 1 stützen

---

[26] *Becker* S. 69.
[27] *Becker* S. 70.
[28] Das beachtet *Medicus* nicht. Er teilt offenbar die herrschende Auffassung, daß sich aus § 818 Abs. 3 eine Beschränkung des Anspruchs auf den Wert des Veräußerungserlöses ergibt (S. 292). Das ist — von seinem Standpunkt aus betrachtet — inkonsequent.
[29] *Becker,* S. 36.

§ 2 Der Erlös als Gegenstand der Ansprüche aus §§ 281

können[30], der erklärte Wille des Gesetzgebers zu § 816 Abs. I Satz 1 steht ihr entgegen[31]. Wenn letzteres auch kein absolut bindender Auslegungsmaßstab ist[32], so müssen doch besonders schwerwiegende Gesichtspunkte geltend gemacht werden, die eine den Intentionen des Gesetzgebers zuwiderlaufende Interpretation des Gesetzes rechtfertigen.

Es reicht insoweit der Nachweis nicht aus, daß sich Fälle denken lassen, in denen die Anwendung der §§ 281 Abs. I, 816 Abs. I Satz 1 im Sinne der herrschenden Lehre zu unbefriedigenden Ergebnissen und Entscheidungen führt[33]. Inbesondere ist es zu eng, eine praktikable und vernünftige Lösung solcher — praktisch wenig bedeutsamer, weil selten vorkommender — Fälle ausschließlich im Rahmen der §§ 281 Abs. I, 816 Abs. I Satz 1 zu suchen. Nach dem Gesetz gewähren §§ 281 Abs. I, 816 Abs. I Satz 1 Ansprüche auf Herausgabe des rechtsgeschäftlichen Surrogates. Genügt der Surrogationsanspruch den Interessen des Gläubigers nicht, so ist zu fragen, ob derselbe Tatbestand nicht auch noch andere Ansprüche, etwa Wertersatzansprüche, auslöst. Da — wie noch zu zeigen sein wird[34] — die Surrogationsansprüche der §§ 281 Abs. I, 816 Abs. I Satz 1 immer mit einem Bereicherungsanspruch konkurrieren, besteht weder eine Notwendigkeit noch überhaupt ein Bedürfnis, die §§ 281 Abs. I, 816 Abs. I Satz 1 als Wertersatzansprüche zu interpretieren.

Zu der Auslegung der §§ 281 Abs. I, 816 Abs. I Satz 1, wie sie Becker vorgeschlagen hat, ist daher zusammenfassend zu sagen: Die Gewährung eines Anspruchs auf Wertersatz für den Verfügungsgegenstand, unabhängig von der Erlangung einer Gegenleistung durch den Schuldner, ist unbillig und steht im Widerspruch zum Sinngehalt der Surrogationsansprüche[35]. Auch soweit in einigen Fällen die Anwendung

---
[30] *Becker* S. 70.
[31] *Mugdan* S. 25.
[32] Vgl. dazu *Brox*, S. 104 f.; *Medicus*, 2. Aufl., S. 281, meint gar, die Auffassung, daß der Veräußerer durch seine wirksame Verfügung die Befreiung von der gegen ihn gerichteten Forderung erlange, habe den Vorzug der Gesetzestreue, die abweichende Meinung unterstelle dem Gesetzgeber eine Ungenauigkeit. Daß insoweit von einer Unterstellung keine Rede sein kann, läßt sich in den Materialien nachlesen (vgl. *Mugdan*, a.a.O.).
[33] *Beckers* „Paradebeispiel": Jemand läßt sich für einen ererbten Brillantring eine Blinddarmoperation von einem berühmten Chirurgen versprechen; ohne zu wissen, daß entweder er den Ring aus einem Verkauf oder Vermächtnis des Erblassers schuldet oder daß der Ring dem Erblasser nicht gehörte, sondern dieser ihn nur leihweise oder zur Verwahrung besaß. (S. 33 f. und 65 f.).
[34] Im zweiten Teil dieser Dissertation (S. 72 f.).
[35] Die Rechtsprechung hat als obersten Grundsatz des Bereicherungsrechts ermittelt, daß die Herausgabepflicht des Bereicherten keinesfalls zu einer Verminderung des Vermögens des Bereicherten über den Betrag der Bereicherung hinaus führen darf (RG 118, 187; BGH 1, 81; bestätigt durch BGH NJW 1971, 611; *Koppensteiner* NJW, 1971, 595). Dasselbe muß für die inso-

der §§ 281 Abs. I, 816 Abs. I Satz 1 im Sinne der herrschenden Lehre keine interessengerechte Entscheidung ermöglicht, besteht kein Zwang zur Umdeutung des Surrogationsanspruchs in einen Wertersatzanspruch, weil jedenfalls der stets konkurrierende Bereicherungsanspruch einen gerechten Interessenausgleich ermöglicht.

Der Vorschlag Beckers zur Auslegung der §§ 281 Abs. I, 816 Abs. I Satz 1 ist daher zu verwerfen.

## § 3 Die Begrenzung der Pflicht zur Herausgabe des Erlöses durch den Wert des Verfügungsgegenstandes

Wenn sich heute auch eine einheitliche Meinung gebildet hat, daß sich die Herausgabepflicht der §§ 281 Abs. I, 816 Abs. I Satz 1 auf das rechtsgeschäftliche Entgelt aus der Weiterveräußerung erstreckt, so ist man doch keineswegs einig hinsichtlich der Frage, in welchem Umfang der Erlös herauszugeben ist. Für § 281 ist zwar nahezu unbestritten, daß der Erlös in vollem Umfang der Herausgabepflicht unterliegt[1]. Hingegen wird das Problem des Umfangs des Erlösherausgabeanspruchs aus § 816 Abs. I Satz 1 bisher noch kontrovers erörtert. Es geht dabei um die Frage, ob der Schuldner hinsichtlich des Erlöses nur bis zur Grenze des Wertes des Verfügungsgegenstandes herausgabepflichtig sein soll oder ob er auch den darüber hinausgehenden Veräußerungsgewinn herauszugeben hat[2].

I. In der Literatur ist unter dem Einfluß der Arbeiten v. Caemmerers[3] die Ansicht herrschend geworden, der Schuldner sei höchstens bis zum Wert des Verfügungsgegenstandes zur Erlösherausgabe verpflichtet[4]. Daß diese Begrenzung des Anspruchs aus § 816 Abs. I Satz 1 nicht weit den Bereicherungsansprüchen nahestehenden Surrogationsansprüche gelten.

[1] *Esser* I S. 210; *Enneccerus-Lehmann* S. 203; *Blomeyer* S. 136; *Palandt-Danckelmann* § 281, 2 b; *Soergel-Reimer Schmidt* § 281, 6; RGRK — *Nastelski* § 281, 3, 6; RG 91, 260; RG 138, 45; RG JW 1936, 2859 (Nr. 6); a. M.: *v. Caemmerer* I S. 266, Fußnote 11; *v. Lübtow*, condictio, S. 78, die den durch besondere Geschäftstüchtigkeit erzielten Gewinn von der Herausgabepflicht ausnehmen möchten.

[2] Einen gewichtigen Beitrag zum Problem der Gewinnherausgabe im Bereicherungsrecht hat *Jakobs* a.a.O. geliefert. An dieser Stelle brauche ich mich mit seinen Argumenten im einzelnen nicht auseinanderzusetzen, weil *Jakobs* seine Erörterungen nicht auf § 816 Abs. I Satz 1, sondern auf § 812 bezieht, das Problem also von einer grundsätzlicheren Warte aus betrachtet, während meine Untersuchungen sich auf die Vorschrift des § 816 Abs. I Satz 1 beschränken.

[3] a.a.O. S. 283 f., 233 f.

[4] *Esser* 2. Aufl. S. 810; *Enneccerus-Lehmann* S. 900; *Fikentscher* S. 615; *Larenz* II S. 378; *Seidel* S. 40 f.; *v. Lübtow* S. 30; RGRK-*Scheffler* § 816, 19.

durch den Wortlaut erkennbar gemacht ist, erklärt die Lehre so: Das Gesetz bediene sich in § 816 Abs. I Satz 1 „des Surrogationsgedankens nur deshalb, weil die Redaktoren den Normalfall im Auge hatten, daß das freie Spiel der Kräfte im Wirtschaftsleben zu einem gerechten Preis führe"[5]. Die Beschränkung des Umfangs des Anspruchs aus § 816 Abs. I Satz 1 ergibt sich für die herrschende Lehre aus der Einordnung des § 816 Abs. I Satz 1 in das Bereicherungsrecht als gesetzlich besonders geregelter Fall der Eingriffskondiktion. Die moderne bereicherungsrechtliche Lehre ist geprägt durch die Unterscheidung: Leistungskondiktion — Eingriffskondiktion. Die als Instrument des Rechtsgüterschutzes gewertete Eingriffskondiktion wird begründet mit der Verletzung des Zuweisungsgehalts eines Rechts[6]. Die Verfügung eines Nichtberechtigten erfolgt im Widerspruch zum Zuweisungsgehalt des dinglichen Rechts. Der Tatbestand des § 816 Abs. I Satz 1 entspricht daher in seinem Anwendungsbereich dem Tatbestand der allgemeinen Eingriffskondiktion. Jedoch unterscheiden sich § 816 Abs. I Satz 1 und allgemeine Eingriffskondiktion hinsichtlich der Rechtsfolge[7]. Während Bereicherungsgegenstand gemäß § 812 nach herrschender Lehre die Verwertung des Eingriffsobjekts selbst ist, das „frui, uti, abuti"[8], verpflichtet § 816 Abs. I Satz 1 den Schuldner zur Herausgabe des durch die Verfügung Erlangten, und das ist der Veräußerungserlös. Da die herrschende Lehre in § 816 Abs. I Satz 1 einen besonders geregelten Fall der Eingriffskondiktion sieht, will sie entsprechend der Regelung der §§ 812 Abs. I Satz 1, 818 Abs. II den Umfang des nach § 816 Abs. I Satz 1 herauszugebenden Erlöses durch den Wert des Verfügungsgegenstandes begrenzen. Das Bestreben, die Rechtsfolgen des § 812 Abs. I Satz 1 und des § 816 Abs. I Satz 1 zu harmonisieren und so in beiden Fällen zu einheitlichen Ergebnissen zu kommen, wird deutlich in der Formulierung Essers: „Die Herausgabe des überschießenden lucrum ex negatione paßt nicht ins Bereicherungsrecht, sondern nur ins Recht der Geschäftsführung, und verwischt den Unterschied zu § 687 Abs. II[9]."

---

[5] *Esser* 2. Aufl. S. 810, im Anschluß an *v. Caemmerer* S. 283.
[6] *Mestmäcker* JZ 1958, 521 f.
[7] a. A. mit sehr beachtlichen Gründen *Jakobs*, dazu im einzelnen später. Wie *v. Caemmerer* entscheidet auch *Jakobs* die Frage — Gewinnherausgabe oder Wertersatz — für § 812 Abs. I Satz 1 und § 816 Abs. I Satz 1 einheitlich. Während *v. Caemmerer* a.a.O. das allgemeine Prinzip (Wertersatz) dem § 812 Abs. I Satz 1 entnimmt, vertritt *Jakobs* a.a.O. unter Bezugnahme auf Fritz *Schulz* S. 340 f. den gegensätzlichen Standpunkt, daß nämlich der Bereicherte grundsätzlich auch zur Herausgabe des den Wert des Verfügungsgegenstandes übersteigenden Gewinns verpflichtet ist.
[8] *v. Lübtow*, condictio, S. 29, 34; *Kleinheyer* JZ 1961, 474; als Grund dafür, daß die herrschende Lehre die Verwendung als solche als im Sinne des § 812 Erlangtes betrachtet, hat *Jakobs* S. 43 f., 50 das Dogma von der Vermögensverschiebung als Voraussetzung der Bereicherungshaftung ermittelt.

## § 3 Die Begrenzung der Pflicht zur Herausgabe des Erlöses

II. Daß die Erlösherausgabe kein Institut des Bereicherungsrechts ist, mag richtig sein[10]. Nur darf man diese Erkenntnis nicht zum Anlaß nehmen, „den Anspruch aus § 816 mit Gewalt als Bereicherungsanspruch zu konstruieren"[11], wie das die herrschende Lehre versucht, indem sie die Rechtsfolge der Verfügung des Nichtberechtigten den Vorschriften der §§ 812 Abs. I Satz 1, 818 Abs. II entnimmt. Die Stellung des § 816 Abs. I Satz 1 im 24. Titel des 7. Abschnittes des 2. Buches des Bürgerlichen Gesetzbuches bindet nicht im Sinne einer Auslegung, wie die (noch) herrschende Lehre sie befürwortet; sie ist allein dadurch gerechtfertigt, weil für den herauszugebenden Gegenstand nach §§ 818, 819 gehaftet wird[12]. Gegen eine solche systematische Auslegung spricht auch, daß die entsprechenden Vorschriften der Entwürfe eines BGB noch im Zusammenhang mit der Regelung des Erwerbs vom Nichtberechtigten konstituiert waren und nur für den Haftungsmaßstab auf das Bereicherungsrecht verwiesen[13].

Die Bereicherungsansprüche sind durch ihren gemeinsamen Anspruchsgegenstand gekennzeichnet; nur unter diesem Gesichtspunkt lassen sie sich zu einem gemeinsamen Rechtsinstitut zusammenfassen[14]. Da in § 816 Abs. I Satz 1 nicht die Bereicherung, sondern das rechtsgeschäftliche Surrogat Gegenstand des Anspruchs ist, fehlt jeder Grund, § 816 Abs. I Satz 1 als Bereicherungsanspruch zu beurteilen und allgemeine Grundsätze des Bereicherungsrechts anzuwenden.

III. Entsprechend seinem Wortlaut gewährt § 816 Abs. I Satz 1 einen Anspruch auf Herausgabe des rechtsgeschäftlichen Surrogates. Zweck der Regelung des § 816 Abs. I Satz 1 ist es, dem Berechtigten, dem die Verwertung des Gegenstandes durch die Rechtsordnung „zugewiesen" ist, den Zugriff auf den durch die Veräußerung des Nichtberechtigten erzielten Erlös zu ermöglichen. Auch soweit der Schuldner einen den Wert des Verfügungsgegenstandes übersteigenden Gewinn gemacht hat, gebührt dieser dem Gläubiger. Wenn ein Gewinn erzielt worden ist, so erscheint es immer noch billiger, diesen dem Gläubiger zufließen zu lassen, als ihn dem Schuldner, der rechtswidrig über den Gegenstand verfügt hat, zu belassen. Nur falls ein Teil des Erlöses für die Tätigkeit des Schuldners im Zusammenhang mit der Veräußerung geleistet wird, unterliegt dieser Teil des Erlöses nicht der Herausgabe-

---

[9] *Esser* in der 2. Aufl. S. 810 im Anschluß an *v. Caemmerer* I S. 284; anders nun *Esser* in der 3. Aufl. im Anschluß an *Jakobs*.
[10] Anderer Ansicht, jedoch mit sehr beachtlichen Gründen, *Jakobs* a.a.O. im Anschluß an Fritz *Schulz*.
[11] *Schulz* S. 346.
[12] So auch *Schulz* S. 347.
[13] Vgl. §§ 839, 880 E 1 und §§ 812, 850 E 2.
[14] Ebenso *Jakobs* S. 160, allerdings in anderem Zusammenhang.

pflicht[15]. Daß der Gewinn vielleicht nur auf Grund des besonderen Geschickes des Schuldners erzielt werden konnte, besagt dagegen nichts, da die Veräußerung dennoch rechtswidrig ist und das Gesetz für diesen Fall dem Schuldner die Verpflichtung zur Herausgabe des gesamten Erlöses auferlegt. Für den Fall des § 281 wird dies auch kaum bestritten[16]. Unmöglich kann aber der Gläubiger des Anspruchs aus § 816 Abs. I Satz 1 schlechter gestellt sein als der Gläubiger des Anspruchs aus § 281, steht doch im Fall des § 816 Abs. I Satz 1 der Veräußerung ein dingliches Recht entgegen, im Falle des § 281 Abs. I dagegen „nur" ein schuldrechtlicher Anspruch. Gegenstand der Surrogationsansprüche ist also der gesamte Erlös ohne Beschränkung durch den Wert des Verfügungsgegenstandes[17].

## § 4 Die Angleichung der Haftung gemäß § 281 Absatz I einerseits und §§ 816 Absatz I Satz 1, 818, 819 andererseits

Unterschiedlich hat das Gesetz den Haftungsmaßstab der Surrogationsansprüche aus §§ 281 Abs. I, 816 Abs. I Satz 1 bestimmt. Während für § 281 Abs. I keine besondere Regelung getroffen wurde, so daß der Haftungsmaßstab für § 281 Abs. I derselbe ist wie für den ursprünglichen Anspruch[1], enthalten die §§ 818, 819, die nach allgemeiner Auffassung auch § 816 Abs. I Satz 1 betreffen[2], eine Abweichung von der Haftung nach allgemeinem Schuldrecht. Gemäß §§ 818, 819 haftet der Schuldner des Anspruchs aus § 816 Abs. I Satz 1 nach den allgemeinen Vorschriften nur, wenn entweder die Rechtshängigkeit des Anspruchs bereits eingetreten ist oder der Schuldner den Mangel des rechtlichen Grundes kennt.

Die Verschiedenheit des Haftungsmaßstabs bei § 281 Abs. I einerseits und § 816 Abs. I Satz 1 andererseits ist sachlich nicht gerechtfertigt. Der Gesetzgeber hat die Verwandtschaft beider Surrogationsfälle nicht erkannt[3], indem er die unterschiedliche Regelung getroffen hat. Die Unrichtigkeit der gesetzlichen Regelung ist evident: Sie stellt den

---

[15] Weitergehender *Horst* S. 104, der auch die besonderen persönlichen Fähigkeiten und Kenntnisse des Schuldners und ihm zustehende günstige Veräußerungsmöglichkeiten als geldwerte Beiträge des Verfügenden bezeichnet, wofür diesem ein angemessener Teil des Erlöses zu belassen sei. Damit kommt *Horst* im Ergebnis der herrschenden Lehre sehr nahe.
[16] Vgl. dazu die auf S. 21, Fußnote 1, zitierten Autoren.
[17] So auch die höchstrichterliche Rechtsprechung, bestätigt in BGH 29, 157 f. Zu Unrecht bezeichnet *Horst* S. 102 diese Auffassung als die herrschende.
[1] *Planck-Siber* § 281, 3.
[2] RG JW 1911, 152 (7); RG Seuff. Arch. 67 Nr. 80; *Schulz* S. 347.
[3] *Schulz* S. 3.

Gläubiger des Anspruchs aus § 816 Abs. I Satz 1, dessen Recht an der Sache durch die Verfügung des Nichtberechtigten vereitelt wurde, schlechter als den Gläubiger des Anspruchs aus § 281 Abs. I, der durch die Verfügung „nur" den Anspruch auf die Sache eingebüßt hat. Oder aus dem Blickwinkel des Schuldners betrachtet: Der Schuldner, der als Nichtberechtigter über einen Gegenstand des Gläubigers verfügt, ist haftungsrechtlich gegenüber dem Schuldner, der als Berechtigter über einen eigenen Gegenstand entgegen der Verpflichtung, ihn dem Gläubiger zu übertragen, verfügt, privilegiert.

Die Gerechtigkeit gebietet, die Ungleichbehandlung der beiden Surrogationsfälle in dieser Hinsicht zu beseitigen. Da ohne gesetzliche Grundlage eine Haftungsverschärfung ohne zwingende Gründe nicht zuzulassen ist, kann das nur in der Form geschehen, daß die mildere Regelung die schärfere Haftung verdrängt und einheitlich für § 281 und § 816 gilt. Es soll daher auch der Schuldner des § 281 nur nach den bereicherungsrechtlichen Vorschriften der §§ 818, 819 haften[4].

Demgemäß kann sich der Schuldner des § 281 gegebenenfalls auf Wegfall der Bereicherung berufen. Nach den allgemeinen Vorschriften haftet er nur im Fall der Rechtshängigkeit des Anspruchs (§ 818 Abs. IV entspr.) oder im Fall der Kenntnis des Mangels des rechtlichen Grundes (§ 819 entspr.). Kenntnis des Mangels des rechtlichen Grundes kann hier nur bedeuten, daß der Schuldner des § 281 weiß, zur Übertragung des Verfügungsgegenstandes an den Gläubiger verpflichtet zu sein. Die Kenntnis von der Existenz des ursprünglichen Schuldverhältnisses löst also erst die Haftung nach den allgemeinen Vorschriften aus. Die Haftungsprivilegierung besteht darin, daß dem Schuldner fahrlässige Unkenntnis hinsichtlich der ursprünglichen Verpflichtung nicht schadet.

Der Schuldner des § 281 Abs. I und der des § 816 Abs. I Satz 1 haften somit im gleichen Umfang, nämlich nach §§ 818, 819.

## § 5 Die Auswirkungen der Hinfälligkeit des der Verfügung zugrunde liegenden Kausalgeschäfts auf die Surrogationsansprüche

Besondere Probleme ergeben sich im Rahmen der §§ 281 Abs. I, 816 Abs. I Satz 1, wenn in dem der Erlangung des Surrogates zugrunde liegenden Rechtsgeschäft Störungen eintreten. Zunächst soll hier der Fall untersucht werden, daß das Kausalgeschäft nichtig oder in ein

---

[4] So im Ergebnis auch *Schulz* S. 14.

Rückgewährschuldverhältnis umgewandelt ist[1], und zwar im Hinblick darauf, welche Auswirkungen die Hinfälligkeit des Grundgeschäfts zwischen Verfügendem und Drittem auf den Gegenstand der Ansprüche aus §§ 281 Abs. I, 816 Abs. I Satz 1 hat.

I. Es ergibt sich die Frage, ob der Erlös, die rechtsgeschäftliche Gegenleistung, trotz Hinfälligkeit des Grundgeschäfts zwischen Verfügendem und Verfügungsempfänger der Herausgabepflicht des Verfügenden unterliegt: Ist erlangt im Sinne des § 281 Abs. I und des § 816 Abs. I Satz 1 auch ein Entgelt, dessen Rückgewähr der Verfügungsempfänger gemäß § 812 Abs. I Satz 1 oder § 346 verlangen kann, oder gehört zum Begriff des Erlangens in diesem Sinne, daß der Verfügende den Erlös behalten darf, der Erwerb des Erlöses also schuldrechtlich gerechtfertigt ist?

1. Für § 281 Abs. I ist versucht worden, diese Frage über den Begriff der Unmöglichkeit zu entscheiden: Mangels Unmöglichkeit sei der Tatbestand des § 281 nicht erfüllt, wenn das der Verfügung und der Erlangung des rechtsgeschäftlichen Surrogates zugrunde liegende Kausalgeschäft nicht oder nicht mehr gelte[2]. Nach dieser Auffassung kann der Gläubiger im Falle der Hinfälligkeit des Kausalgeschäfts zwischen Verfügendem und Drittem nicht den vom Verfügenden erlangten Erlös nach § 281 Abs. I herausverlangen. Vielmehr bleibt der Gläubiger auf seinen ursprünglichen Anspruch verwiesen, der ja nicht nach § 275 erloschen ist. Die Durchsetzung dieses ursprünglichen Anspruchs begegnet jedoch Schwierigkeiten, da sich der Schuldner durch

---

[1] Der Begriff des Rückgewährschuldverhältnisses umfaßt als Oberbegriff sowohl die Leistungskondiktion (§ 812 Abs. I Satz 1) als auch das Schuldverhältnis aus Rücktritt (§§ 346 f.). *Fikentscher* S. 594: „So steht z. B. § 812 Abs. I Satz 1, die allgemeine Grundregel, wenigstens zum großen Teil auf einer Stufe mit § 346, regelt also insoweit ein gesetzlich anderweit veranlaßtes Rückgewährschuldverhältnis." *Medicus*, S. 271, spricht von den „beiden Rückabwicklungsformen" der §§ 812 ff. und der §§ 346 ff.

[2] So schon *Planck-Siber*, vor §§ 275—292, III 2 a: Die Leistung „ist als mögliche zu behandeln, wenn bewiesen wird, daß der Schuldner aus besonderen Gründen in der Lage ist, sie von dem Dritten (der sie ihm etwa schuldet) ... zu erwerben". Ähnlich und noch deutlicher *Becker* S. 32: „Bei Fehlen einer vertraglichen Grundlage würde ein Bereicherungsanspruch gegeben sein, der die Unmöglichkeit, jedenfalls in der Mehrzahl der hierin gehörenden Fälle, ausschlösse." Und neuestens wieder *Roth* JuS 1968, 101 f., der den Tatbestand des Unvermögens verneinen will, wenn der Schuldner zwar die unmittelbare Verfügungsmacht über den geschuldeten Gegenstand verliert, er aber die Leistungsfähigkeit des Dritten in seine Dienste stellen kann, nämlich dann, wenn der Dritte zur Mitwirkung bereit ist, also — so lassen sich die Ausführungen *Roths* sinngemäß ergänzen — erst recht, wenn der Dritte zur Mitwirkung verpflichtet ist. Auch *Medicus*, S. 179, meint, hinsichtlich eines schuldrechtlichen Herausgabeanspruchs des Eigentümers gegen den ehemaligen Besitzer sei dieser nicht zur Leistung unvermögend, wenn er den an den Erwerber gegebenen Besitz mit der Leistungskondiktion zurückholen könne.

§ 5 Die Auswirkung der Hinfälligkeit

die rechtsgrundlose aber wirksame Verfügung der tatsächlichen Möglichkeit der Erfüllung begeben hat. Zwar kann der Gläubiger ein Urteil auf Übereignung der geschuldeten Sache erstreiten; der Vollstreckungserfolg wird ihm jedoch versagt bleiben, da der Erlangung des Eigentums an der Sache durch den Gläubiger der Mangel der Berechtigung des Schuldners entgegensteht[3]. Nach dieser Unmöglichkeitslehre hätte der Gläubiger also keinen Anspruch auf das rechtsgeschäftliche Surrogat, sondern nur einen Anspruch auf die ursprünglich geschuldete Sache, der vollstreckungsrechtlich nicht durchsetzbar ist. Dieses Ergebnis erweist die Unzulänglichkeit der Lösung des hier erörterten Problems über den Begriff der Unmöglichkeit.

Richtiger Ansicht nach schließen Mängel des Kausalgeschäfts nicht die Unmöglichkeit der Leistung aus. Mit Recht sagt Oertmann[4], daß erst der tatsächliche Rückerwerb der veräußerten Sache durch den Schuldner die Unmöglichkeit als eine vorübergehende und beseitigte erscheinen läßt[5].

2. Nach einer anderen Lehre bestehen im Falle des nichtigen Kausalgeschäfts keine Ansprüche auf Herausgabe des rechtsgeschäftlichen Surrogates, weil erlangt im Sinne der §§ 281 Abs. I, 816 Abs. I Satz 1 nur die endgültige Bereicherung sei[6]. Daß der Begriff „erlangt" in den gesetzlichen Tatbeständen der §§ 281 Abs. I Satz 1, 816 Abs. I Satz 1 so auszulegen ist, wird allerdings, wenn überhaupt, nur unzureichend begründet. So wird die Argumentation Schefflers[7] der Problematik nicht gerecht, der ausführt, in diesen Fällen habe „der Veräußerer... den Kaufpreis nicht durch seine Verfügung, d. h. nicht durch den von ihm geschlossenen Kaufvertrag, erlangt, sondern infolge davon, daß sein Abkäufer irrig glaubte, zur Zahlung verpflichtet zu sein". Scheffler verkennt den Begriff der Verfügung in § 816 Abs. I Satz 1. Zwar werden im Rahmen der §§ 281 Abs. I, 816 Abs. I Satz 1 Verfügung und schuldrechtliches Kausalgeschäft wegen ihrer wirtschaftlichen Zusammengehörigkeit als Einheit betrachtet; dies jedoch nur, um zu begründen, daß die rechtsgeschäftliche Gegenleistung überhaupt Gegenstand der Ansprüche aus §§ 281 Abs. I, 816 Abs. I Satz 1 ist. Nicht aber besagt

---

[3] § 809 ZPO, auf den *Planck-Siber*, vor §§ 275—292, II 2, in diesem Zusammenhang hinweisen, setzt die Bereitschaft des besitzenden Dritten zur Herausgabe voraus, die in der Regel fehlen wird, wenn der Dritte keine Kenntnis von den Anspruchsbeziehungen zwischen Gläubiger und Schuldner hat. Außerdem überwindet § 809 ZPO nur den Mangel des Besitzes des Schuldners bei der Zwangsvollstreckung, nicht jedoch den Mangel seiner Berechtigung.
[4] a.a.O. § 281, 2 d.
[5] Ähnlich auch *Schulz* S. 10.
[6] Palandt-Thomas § 816, 1 f.; RGRK-*Nastelski* § 281, 3; RGRK-*Scheffler* § 816, 12.
[7] RGRK § 816, 12.

die Maßgeblichkeit der wirtschaftlichen Betrachtungsweise hinsichtlich des Begriffs der Verfügung in § 816 Abs. I Satz 1, daß erlangt im Sinne der §§ 281 Abs. I, 816 Abs. I Satz 1 nur die in Erfüllung eines wirksamen schuldrechtlichen Grundgeschäfts erbrachte Gegenleistung ist. Die Auslegung der Begriffe „Verfügung" und „erlangt" ohne die erforderliche Bewertung der beteiligten Interessen trägt zur Lösung dieses Problems jedenfalls nichts bei.

3. Das Reichsgericht hat entschieden, daß auch der Erlös, dessen Erlangung kein wirksames schuldrechtliches Kausalgeschäft zugrunde liegt, gemäß § 281 Abs. I herauszugeben ist[8]. Der Tatbestand des § 281 Abs. I — so das Reichsgericht — erfordere nicht, daß der Schuldner auf die vom Dritten erbrachte Gegenleistung einen Anspruch habe. Für seine Auffassung beruft sich das Reichsgericht auf den Zweck der Vorschrift des § 281, „im Vermögen des Schuldners den Zustand herzustellen, der bestünde, wenn dem Anspruch des Berechtigten entsprochen worden wäre", und argumentiert dann: „Dafür ist es nicht entscheidend, ob der Schuldner den Ersatz überhaupt nicht hätte erlangen dürfen: Es ist nicht abzusehen, wenn er ihn solchenfalls zwar nicht sollte erlangen, aber behalten dürfen. Der Ersatz geht vielmehr dem Verlangen des Gläubigers gemäß in dessen Vermögen über, möglicherweise mit einer ihm als Folge des vom Schuldner bewirkten Erwerbs anhaftenden rechtlichen Unzulänglichkeit, etwa der Gefahr, daß auch der Gläubiger den Ersatz nicht behalten darf."

4. Alle bisherigen Stellungnahmen zu der Frage des Gegenstandes der Surrogationsansprüche im Falle des hinfälligen Kausalgeschäfts treffen nicht den Kern des Problems. Festzustellen ist zunächst, daß der Wortlaut des Gesetzes in §§ 281 Abs. I, 816 Abs. I Satz 1 die Entscheidung in keiner Richtung präjudiziert. So haben sowohl Siber[9] und Scheffler[10] als auch das Reichsgericht[11] ihre gegensätzlichen Auffassungen auf eine Auslegung der gesetzlichen Vorschriften gestützt. Tatsächlich sind die Formulierungen in den §§ 281 Abs. I, 816 Abs. I Satz 1 hinsichtlich der hier erörterten Problematik irrelevant. Es ist zumindest möglich, aus §§ 281 Abs. I, 816 Abs. I Satz 1 einen Anspruch auf Herausgabe des Erlöses auch dann zu gewähren, wenn das der Erlangung des Erlöses zugrunde liegende Kausalgeschäft nichtig ist. Die rechtliche Geltung dieser Möglichkeit unterstellt, würden sich auf den Erlös, den der Schuldner bei der Veräußerung erzielt hat, konkurrierend der Rückgewähranspruch des Dritten (Verfügungsempfänger) und der Ersatzherausgabeanspruch des Gläubigers richten. Damit ist das

---
[8] RG 105, 90 f.; zustimmend *Haselhoff* NJW 1947/48, 289.
[9] Bei *Planck*, vor §§ 275—292, III 2 a.
[10] RGRK § 816, 12.
[11] RG 105, 90 f.

## § 5 Die Auswirkung der Hinfälligkeit

Problem erfaßt: Welchem dieser beiden Ansprüche, von denen nur einer zum Zuge kommen kann[12], gebührt der Vorzug?

Auf Grund des zwischen dem Schuldner und dem Dritten bestehenden Rückgewährschuldverhältnisses kann der Dritte Rückabwicklung des Vertrages verlangen. Würde man dem Gläubiger dennoch einen Anspruch auf Herausgabe der dem Schuldner von dem Verfügungsempfänger erbrachten Gegenleistung zubilligen, könnte der Gläubiger, wenn er mit der Geltendmachung seines Anspruchs dem Dritten zuvorkäme, die Rückabwicklung des Vertrages verhindern. Zwar könnte der Dritte noch gegenüber dem Anspruch des Schuldners auf Rückgewähr des Verfügungsgegenstandes die Einrede des Zurückbehaltungsrechts erheben. Das trägt den berechtigten Interessen des Dritten aber nicht genügend Rechnung. Das Zurückbehaltungsrecht vermag nicht das gesetzlich sanktionierte Interesse — vor allem in den Fällen, in denen der Dritte das Rückgewährschuldverhältnis selbst durch Ausübung eines Gestaltungsrechts herbeigeführt hat — an der Wiedererlangung des von ihm geleisteten Entgelts zu befriedigen. Geboten ist daher die Erhaltung des Anspruchs des Dritten auf Rückgewähr seiner Leistung.

Demgegenüber muß das Interesse des Gläubigers an der Herausgabe des Erlöses als eines Ausgleichs für den erlittenen Rechtsverlust zurücktreten[13]. Nach den Intentionen des Gesetzes soll sich der Umstand, daß der Schuldner über einen Gegenstand verfügt hat, an dem oder auf den der Gläubiger ein Recht hatte, nicht zum Nachteil des Dritten auswirken (Verkehrsschutzgedanke). Das muß im Sinne eines umfassenden Verkehrsschutzes auch gelten, wenn das der Verfügung zugrunde liegende Kausalgeschäft zwischen Schuldner und Verfügungsempfänger hinfällig ist. Wegen des entgegenstehenden Anspruchs des Dritten auf Rückgewähr seiner Gegenleistung kann daher der Gläubiger in diesen Fällen nicht Herausgabe des Erlöses gemäß §§ 281 Abs. I, 816 Abs. I Satz 1 verlangen.

Die gegenteilige Auffassung des Reichsgerichts[14] beruht u. a. auf der irrigen Annahme, daß die dem Schuldner im Verhältnis zum Dritten

---

[12] Setzt der Dritte seinen Anspruch auf Rückgewähr durch, ist ein Erlös, den der Gläubiger herausverlangen könnte, nicht mehr vorhanden. Kommt der Gläubiger ihm mit der Realisierung eines Erlösherausgabeanspruchs zuvor, erlischt der Rückgewähranspruch des Dritten gegen den Schuldner entweder gemäß § 818 Abs. III wegen Wegfalls der Bereicherung bzw. es besteht kein Rückgewähranspruch wegen Unmöglichkeit der Rückgewähr (§ 350) und mangels Verschulden auch kein Schadensersatzanspruch gemäß §§ 347, 989, 990.
[13] Das ist auch nicht unbillig, da der Gläubiger ja — das Ergebnis der folgenden Untersuchungen sei hier vorweggenommen — Abtretung des Rückgewähranspruchs des Schuldners gegen den Verfügungsempfänger verlangen kann.
[14] RG 105, 90 f.

obliegende Rückgewährpflicht mit der Herausgabe des Erlöses an den Gläubiger auf diesen übergeht. Es gibt jedoch keine Anspruchsgrundlage, auf die der Dritte sein Rückgewährbegehren gegen den Gläubiger stützen könnte.

Das Reichsgericht bezeichnet als Hauptzweck des § 281 Abs. I die Herstellung eines Zustandes im Vermögen des Schuldners, „der bestünde, wenn dem Anspruch des Berechtigten entsprochen worden wäre". Gegenüber dieser einseitigen Orientierung der Vorschrift am Schuldnervermögen[15], die es allerdings nahelegt, sämtliche vom Schuldner erlangten Vorteile unabhängig von der Rechtsbeständigkeit des Erwerbs der Herausgabepflicht des § 281 Abs. I zu unterwerfen, ist der Gesichtspunkt der Wahrung der Interessen des Gläubigers stärker hervorzuheben. So hat Larenz den Zweck des Surrogationsanspruchs richtig darin gesehen, „dem Gläubiger das zu geben, was in dem Vermögen des Schuldners wirtschaftlich an die Stelle der Sache getreten ist, die der Schuldner dem Gläubiger leisten sollte und nun nicht mehr leisten kann. Denn diese Sache gebührte dem Gläubiger, und darum gebührt ihm nun auch der Gegenwert, den der Schuldner an ihrer Stelle erlangt, statt seines jetzt hinfällig gewordenen Anspruchs auf die Sache selbst[16]."

Im Sinne der hier vertretenen Auffassung tritt der Erlös nur dann wirtschaftlich an die Stelle des Verfügungsgegenstandes, wenn sich auf ihn nicht ein Rückgewähranspruch des Verfügungsempfängers richtet. Dem Gläubiger gebührt demgemäß nur der Erlös, den der Schuldner auf Grund des Kausalgeschäfts mit dem Dritten hätte behalten dürfen; oder — anders formuliert — der Anspruch auf Herausgabe des Erlöses entfällt, wenn sich auf ihn ein Rückgewähranspruch des Dritten richtet[17, 18].

---

[15] Hiergegen wendet sich auch — allerdings in anderem Zusammenhang — *Himmelmann* S. 21.
[16] *Larenz* I S. 228.
[17] Im Ergebnis so auch wohl die heute herrschende Lehre. Die Literatur hat sich allerdings mit diesem Problem nur wenig befaßt. Außer den bereits Genannten ist noch auf *Schulz* hinzuweisen, dessen Behandlung des Problems aber die Konsequenzen der gegenteiligen Auffassung falsch beurteilt und deshalb den richtigen Gesichtspunkt zur Lösung des Problems nicht trifft: „Wollte man das (sc. die hier vertretene Auffassung) nicht annehmen, so käme man zu dem unmöglichen Resultat, daß auch der gutgläubige Veräußerer den Kaufpreis zweimal zu zahlen hat, an den Eigentümer und an den Käufer, und nur die mangelhafte Sache behält." (*Schulz* S. 344) Eben darin irrt *Schulz*; denn wenn der Schuldner den Erlös auf den Gläubiger übertragen hat, ist er dem Dritten zur Rückgewähr nicht mehr verpflichtet. Entgegen *Schulz* sind es nicht die Interessen des Schuldners, sondern die des Dritten, des Verfügungsempfängers, die eine Lösung im Sinne des Textes, die im Ergebnis mit der von *Schulz* gegebenen Lösung übereinstimmt, gefordert haben.

## § 5 Die Auswirkung der Hinfälligkeit

II. Das bisherige Ergebnis betrifft nur einen Aspekt des Problems, welche Bedeutung die Hinfälligkeit des Kausalgeschäftes zwischen Schuldner und Verfügungsempfänger für den Gegenstand der Surrogationsansprüche hat. Auf Grund der Hinfälligkeit des Kausalgeschäfts hat nämlich nicht nur der Dritte gegen den Schuldner, sondern auch der Schuldner gegen den Dritten einen Anspruch auf Rückgewähr seiner Leistung: Der Schuldner kann vom Verfügungsempfänger den Verfügungsgegenstand herausverlangen.

Der andere Aspekt desselben Problems ist somit die Frage, ob der Gläubiger aus §§ 281 Abs. I, 816 Abs. I Satz 1 Abtretung des Rückgewähranspruchs vom Schuldner fordern kann: Ist Gegenstand der Surrogationsansprüche auch ein etwaiger Rückgewähranspruch des Schuldners gegen den Verfügungsempfänger?

1. Nach dem Wortlaut der §§ 281 Abs. I, 816 Abs. I Satz 1 kann Gegenstand der Ansprüche nur sein, was durch die Verfügung oder infolge der Verfügung erlangt ist. Hinsichtlich der Rückgewähransprüche ist das Vorliegen dieser Voraussetzung zweifelhaft. So kann man z. B. jedenfalls dann, wenn der Rückgewähranspruch erst durch die Ausübung eines Gestaltungsrechts entsteht, kaum sagen, es sei durch die Verfügung erlangt. Diese Argumentation besagt jedoch nicht viel. Es ist allgemein anerkannt, daß die §§ 281 Abs. I, 816 Abs. I Satz 1 zu eng gefaßt sind. Schon um zu begründen, daß das in Erfüllung der sich aus dem Kausalgeschäft ergebenden Verpflichtung geleistete Entgelt durch die Verfügung oder infolge des die Unmöglichkeit herbeiführenden Umstands erlangt ist, mußte die herrschende Lehre das Postulat einer wirtschaftlichen Betrachtungsweise aufstellen und die wirtschaftliche Einheit von Verpflichtungs- und Verfügungsgeschäft

---

[18] Mindestens aus diesem Grunde besteht auch kein Anspruch aus § 281 in Verbindung mit § 985, wenn die Verfügung des Nichtberechtigten unwirksam ist; dann ist der Schuldner ja dem Verfügungsempfänger wegen Rechtsmangels gemäß §§ 812, 323 Abs. III bzw. gemäß §§ 346 f., 327, 325, 440, 437 zur Rückgewähr der Gegenleistung verpflichtet; so im Ergebnis auch *Staudinger-Berg* § 985, 4; *Medicus* S. 237 f.; *Westermann* S. 147 unter Hinweis auf die vom Gesetz gewollte Opfergrenze. Mit dem Begriff der Opfergrenze lassen sich die Erwägungen zur Lösung des Problems des Rückgewährpflicht unterliegenden Erlöses als Gegenstand der Ansprüche auf Herausgabe des rechtsgeschäftlichen Surrogates anschaulich zusammenfassen: Indem die Untersuchungen ergeben haben, daß wohl dem Gläubiger der Verlust seines Erlöserherausgabeanspruchs, nicht aber dem Verfügungsempfänger der Verlust seines Rückgewähranspruchs zugemutet werden kann, ist die Opfergrenze entsprechend festgelegt. *Dölle*, Eigentumsanspruch, S. 28, gewährt einen Anspruch aus §§ 985, 281, wenn der Gläubiger den Nichtberechtigten von Rechtsmängelhaftungsansprüchen freistellt, indem er seine Verfügung genehmigt. Eine andere Frage ist die Anwendbarkeit des § 281 i. V. m. § 985 im Falle des Untergangs der Sache; dann mag ein Anspruch auf die Versicherungssumme gegeben sein; dazu *Esser* I, S. 210; *Klapproth*, MDR 65, 525 ff. m. w. N.

behaupten[19]. Im Ergebnis verdient die herrschende Lehre Zustimmung. Nach dem offenbaren Sinn und Zweck der §§ 281 Abs. I, 816 Abs. I Satz 1 ist für den dort geforderten Zusammenhang zwischen Verfügung und Erlangung der Gegenleistung ausreichend, daß beide in dem Kausalgeschäft eine gemeinsame Grundlage haben[20]. Die Nichtigkeit des Kausalgeschäfts oder seine Umwandlung (Umgestaltung) in ein Rückgewährschuldverhältnis zerstört diesen Zusammenhang nicht. Auch ein hinfälliges Rechtsgeschäft kann den in §§ 281 Abs. I, 816 Abs. I Satz 1 geforderten Zusammenhang herstellen, da es kein „nullum", sondern ein Rechtsgeschäft, nur eben ein unwirksames, ist[21]. Der Wortlaut der §§ 281 Abs. I, 816 Abs. I Satz 1 verbietet somit nicht, die Rückgewähransprüche als Gegenstand der Surrogationsansprüche anzusehen.

2. Bezüglich § 816 Abs. I Satz 1 hat die Doppelkondiktionenlehre[22] die hier erörterte Frage so entschieden, daß der Gläubiger nach § 816 Abs. I Satz 1 Abtretung der Kondiktion, die dem Schuldner wegen der Nichtigkeit des seiner wirksamen Verfügung zugrunde liegenden Kausalgeschäfts zusteht, verlangen kann. Die Argumente der Doppelkondiktionenlehre beschränken sich auf die Ablehnung der Einheitskondiktion und betreffen nicht die Problematik der Rückgewähransprüche als Gegenstand des Anspruchs aus § 816 Abs. I Satz 1. So wird die Doppelkondiktion von den Vertretern dieser Lehre meist gar nicht aus der Vorschrift des § 816 Abs. I Satz 1 begründet, sondern ausschließlich in Auseinandersetzung mit der Lehre von der Einheitskondiktion. Darüber hat man die theoretische Möglichkeit übersehen, daß weder Einheits- noch Doppelkondiktion dem Gesetz entspricht, daß vielmehr, da es bei der Frage nach den sich aus § 816 ergebenden Anspruchsbeziehungen nicht um die Interessen des Verfügenden geht, sondern um die des gutgläubigen Erwerbers, letzterer vielleicht ein Recht darauf hat, sich über die Wirksamkeit des Kausalgeschäfts allein mit seinem Vertragspartner auseinandersetzen zu müssen[23], und daher der Gläubiger in

---

[19] *Staudinger-Kaduk* § 323, 83; *Enneccerus-Lehmann* S. 202; *Leonhard* S. 477.

[20] *Himmelmann* S. 47, 51 verlangt nur, daß für § 281 Abs. I der Ersatz im Zusammenhang mit dem die Unmöglichkeit verursachenden Umstand erlangt worden sein muß. Diese Formel befriedigt nicht; sie ist auch zu weitgehend. Im Hinblick auf das rechtsgeschäftliche Surrogat genügt nicht jeder Zusammenhang, sondern er muß derart sein, wie er hier beschrieben ist.

[21] *Flume* S. 547 f.

[22] Der Streit zwischen Einheits- und Doppelkondiktionenlehre interessiert hier nicht. Das Thema betrifft ausschließlich die Frage, ob Rückgewähransprüche Gegenstand des Anspruchs aus § 816 Abs. I Satz 1 sein können, nicht hingegen den eigentlichen Streit in der Auseinandersetzung um Einheits- oder Doppelkondiktion, ob nämlich aus anderen Vorschriften unmittelbar ein Anspruch des Gläubigers des Surrogationsanspruchs aus § 816 Abs. I Satz 1 gegen den Schuldner des Rückgewähranspruchs auf Herausgabe des Verfügungsgegenstandes besteht.

[23] Dieses Argument verwendet *v. Caemmerer* I S. 298 zugunsten der Doppelkondiktionenlehre.

## § 5 Die Auswirkung der Hinfälligkeit

keiner Weise — also weder im Wege der Einheits- noch der Doppelkondiktion — in das Rückgewährschuldverhältnis zwischen Verfügendem und gutgläubigem Erwerber eingreifen darf.

Um eine positive Begründung der Doppelkondiktionenlehre hat sich v. Caemmerer bemüht: Der dem Verfügenden im Falle des unwirksamen Grundgeschäfts verbliebene Rückgewähranspruch sei Surrogat „in diesem Sinne", gemeint ist im Sinne des § 816 Abs. I Satz 1[24]. Hingegen hat sich Boehmer gegen die Doppelkondiktionenlehre erklärt und sie als „typisches Erzeugnis konstruktionsjuristischen Denkens" verworfen: Es sei nicht angängig, „den Anspruch des Eigentümers gegen den Nichtberechtigten auf Abtretung der condictio auf § 816 Abs. I Satz 1 zu stützen, da das Gesetz unter dem „durch die Verfügung Erlangten" sicherlich nur die von dem Dritten bewirkte Gegenleistung, nicht aber eine condictio auf Rückgewähr der eigenen causalosen Leistung verstehen will"[25].

3. Auch für § 281 Abs. I wird die Auffassung vertreten, daß sich der Anspruch gegebenenfalls auf Abtretung des Rückgewähranspruchs des Schuldners gegen den Dritten richtet. Besondere Aufmerksamkeit haben die Fälle gefunden, daß der Eigentümer eines Grundstücks zwei Gläubigern je eine Hypothek bestellt und in den zugrunde liegenden schuldrechtlichen Sicherungsverträgen eine bestimmte Rangfolge der beiden Hypotheken vereinbart ist. Ergibt dann die Eintragungsfolge eine von den Vereinbarungen verschiedene Rangfolge, so gewährt Westermann[26] dem Hypothekar, dessen Recht vertragswidrig den schlechteren Rang erhalten hat, aus § 281 Abs. I einen Anspruch gegen den Eigentümer auf Abtretung der condictio, die der Eigentümer gegen den anderen Hypothekar deshalb hat, weil dieser abweichend von der Sicherungsabrede die höherrangige Hypothek erhalten hat. Demgegenüber glaubt Baur[27], in diesen Fällen § 281 Abs. I nur entsprechend anwenden zu können.

4. Das Problem ist für § 281 Abs. I und § 816 Abs. I Satz 1 dasselbe: Kann der Gläubiger bei Hinfälligkeit des Kausalgeschäfts Abtretung des Rückgewähranspruchs des Verfügenden gegen den Verfügungsempfänger fordern?

Der Zweck der Surrogationsansprüche, dem Gläubiger das zu geben, was in dem Vermögen des Schuldners wirtschaftlich an die Stelle des Verfügungsgegenstandes getreten ist[28], wird nur erreicht, wenn die

---

[24] v. Caemmerer I S. 296 Fußnote 6, 306.
[25] Boehmer S. 16.
[26] a.a.O. S. 404.
[27] a.a.O. S. 139; Soergel-Baur § 879, 10 nennt überhaupt keine Anspruchsgrundlage.
[28] Larenz I S. 228; Esser I S. 209.

Herausgabeverpflichtung des Schuldners sich auch auf etwaige Rückgewähransprüche des Verfügenden gegen den Verfügungsempfänger erstreckt. Wegen der Nicht-Geltung des Kausalgeschäfts sind es gerade die Rückgewähransprüche, die wirtschaftlich an die Stelle des Verfügungsgegenstandes treten. Daher muß sich der Anspruch aus §§ 281 Abs. I, 816 Abs. I Satz 1 auch auf Rückgewähransprüche beziehen, wenn dem nicht unabweisbare Interessen des Vertragspartners des Schuldners entgegenstehen. Dieser muß insbesondere in der Lage sein, die Herausgabe des gutgläubig Erworbenen vom Rückempfang der eigenen Leistung abhängig zu machen[29]. Nach §§ 398 ff., 404 führt die Abtretung nicht zu einer Verschlechterung der Rechtsstellung des Schuldners des abgetretenen Anspruchs; vor allem kann dieser gem. § 404 dem neuen Gläubiger gegenüber alle Einwendungen erheben, die zur Zeit der Abtretung der Forderung gegen den bisherigen Gläubiger begründet waren. Der Begriff der Einwendungen in § 404 umfaßt nach allgemeiner Auffassung auch die sog. Einreden im rechtstechnischen Sinne, z. B. die Zurückbehaltungsrechte[30]. Wegen des umfassenden Schutzes der Schuldnerinteressen in den §§ 398 ff. kann dem Verfügungsempfänger gleichgültig sein, ob sein Vertragspartner den Rückgewähranspruch an den Gläubiger abtritt. Vom Standpunkt des legitimen Interesses des Verfügungsempfängers her bestehen also keine Einwände gegen eine Erstreckung der §§ 281 Abs. I, 816 Abs. I Satz 1 auf die Rückgewähransprüche des Schuldners gegen den Verfügungsempfänger. Im Falle der Unwirksamkeit des Kausalgeschäfts zwischen Schuldner und Verfügungsempfänger kann somit der Gläubiger Abtretung des Anspruchs auf Rückgewähr des Verfügungsgegenstandes verlangen.

5. Auf Grund des abgetretenen Anspruchs kann der Gläubiger von dem Vertragspartner des Schuldners Rückgewährung des Verfügungsgegenstandes fordern.

Macht der Schuldner des Anspruchs aus § 816 Abs. I Satz 1 den Rückgewähranspruch vor dessen Abtretung an den Gläubiger selbst geltend, so fällt dennoch das Eigentum an dem Verfügungsgegenstand — unabhängig von der Willensrichtung und dem Inhalt der Eigentumsübertragungserklärungen des Schuldners und des Anspruchsgegners — unmittelbar an den Gläubiger zurück. Richtiger Ansicht nach bewirkt die Rückabwicklung eines Rechtsverhältnisses, das zu einem gutgläubigen Erwerb von einem Nichtberechtigten geführt hat, daß das Eigentum an der Sache, die Gegenstand des Erwerbs vom Nichtberechtigten gewesen ist, an den ursprünglich Berechtigten, den Voreigentümer, zurückfällt, selbst wenn der Nichtberechtigte den Rückgewähranspruch

---

[29] So auch *v. Caemmerer* I S. 298 für die Vorschrift § 816 Abs. I Satz 1.
[30] *Larenz* I S. 400 betr. Verjährungseinrede; RGRK-*Löscher* § 404, 2; *Soergel-Schmidt* § 404, 1; *Erman-Westermann* § 404, 2.

§ 6 Die Gestaltungsrechte als Gegenstand von Surrogationsansprüchen 35

im eigenen Namen geltend macht und die Eigentumsübertragungserklärungen den Nichtberechtigten als Erwerber des Eigentums bezeichnen[31]. An der Richtigkeit dieses Gedankens bestehen keine Zweifel[32]; ein sog. „mittelbar bösgläubiger Erwerb" des Nichtberechtigten ist ganz offenbar Unrecht.

Ebenso selbstverständlich hat diese Idee im Rahmen des Anspruchsverhältnisses aus § 281 Abs. I keine Bedeutung. Ein „mittelbar bösgläubiger Erwerb" kommt für den vertragswidrig verfügenden Schuldner des § 281 nicht in Betracht, da er als Berechtigter über den Forderungsgegenstand verfügt hat, während der Gläubiger nur einen schuldrechtlichen Verschaffungsanspruch hatte.

Zusammenfassend lassen sich die Anspruchsbeziehungen der §§ 281 Abs. I, 816 Abs. I Satz 1 für den Fall, daß hinsichtlich der zwischen dem Schuldner und dessen Vertragspartner ausgetauschten Leistungen ein Rückgewährschuldverhältnis besteht, so darstellen:

a) Der Gläubiger kann vom Schuldner nicht die Herausgabe des von diesem bei der Veräußerung erzielten Entgelts verlangen.
b) Der Anspruch des Gläubigers richtet sich auf die Abtretung des Anspruchs auf Rückgewähr, der dem Schuldner aus seinem Rechtsverhältnis zu dem Verfügungsempfänger zusteht[33].

### § 6 Die Gestaltungsrechte als Gegenstand von gesetzlichen Surrogationsansprüchen — Einführung in den Problemkreis

An diese Erkenntnisse schließt sich folgendes Problem an: Daß der Gläubiger vom Schuldner die Abtretung etwaiger Rückgewähransprüche verlangen kann, fordert die Frage heraus, welchen Einfluß denn der Gläubiger auf die Ausübung von Gestaltungsrechten hat, die Rückgewährschuldverhältnisse auslösen.

I. Gegenstand der folgenden Untersuchungen sind solche Gestaltungsrechte, deren Ausübung das Kausalgeschäft und (oder) die Verfügung hinfällig macht, so daß ein Rückgewährschuldverhältnis entsteht.

---

[31] *Westermann* S. 231; *v. Caemmerer* S. 313 f.; *Wolff-Raiser* S. 257 f.
[32] Die von *Wiegand*, JuS 1971, 62 ff. (dort weitere Nachweise zu diesem Problemkreis) gegen die h. L. vorgetragenen Argumente überzeugen nicht; dazu im einzelnen *meine* Entgegnung, JuS 1971 S. 233 f.
[33] Unrichtig daher *Palandt-Thomas* § 816, 1 f., § 816 Abs. I Satz 1 sei „grundsätzlich unanwendbar, wenn die Vermögensverschiebung zu Gunsten des Erwerbers ohne Rechtsgrund erfolgte". *Thomas* übersieht, daß der Anspruch aus § 816 Abs. I Satz 1 in diesem Fall zwar nicht auf den Erlös im engen Sinne des Wortes, wohl aber auf Abtretung des Rückgewähranspruchs gerichtet ist.

## § 6 Die Gestaltungsrechte als Gegenstand von Surrogationsansprüchen

In Betracht kommen insbesondere die Anfechtungsrechte, Rücktrittsrechte und Kündigungsrechte. Einbezogen werden in die Erörterung aber auch das Wandlungs- und Minderungsrecht, obwohl hinsichtlich ihrer Einordnung als Gestaltungsrechte Zweifel bestehen. Der Streit um den Rechtscharakter des Wandlungs- und Minderungsrechts braucht hier nicht entschieden zu werden, da es für die Frage, ob Wandlungs- und Minderungsrechte Gegenstand von Surrogationsansprüchen sein können, irrelevant ist, ob man sie gemäß der Vertragstheorie[1] als Ansprüche oder, wie die Herstellungstheorie[2] nahelegt, als Gestaltungsrechte wertet. Auf den materiellen Gehalt eines Rechts hat die Einordnung als Anspruch bzw. als Gestaltungsrecht keinen Einfluß. Schon Hellwig hat es als eine Frage der Gesetzgebungspolitik bezeichnet, ob das Gesetz einen Anspruch vorsehe oder ein Gestaltungsrecht[3]. Der gleichen Ansicht, daß nur die gesetzliche Regelung und nicht etwa der Inhalt des Rechts oder ähnliche Kriterien (wie z. B. „Wesen" oder „materieller Gehalt") für seine Qualifizierung als Gestaltungsrecht entscheidend sei, ist Schlochoff[4]. Noch deutlicher hat sich Bötticher geäußert, daß nämlich die Preisgabe des formellen Vertragsprinzips zugunsten des Gestaltungsprinzips nicht ins Gewicht fallen kann, die Rechtslage unter der Herrschaft des formellen Vertragsprinzips letztlich also doch nicht anders sein kann als bei Durchführung des Gestaltungsprinzips[5].

Ganz allgemein gesprochen kommt es für das Problem, ob Gestaltungsrechte und die ihrer Wirkung nach ähnlichen Rechtserscheinungen der Wandlungs- und Minderungsrechte Gegenstand von Surrogationsansprüchen sein können, allein darauf an, ob sie rechtsgeschäftliches Surrogat im Sinne der §§ 281, 816 sind.

II. Der Surrogatscharakter der Gestaltungsrechte[6] setzt voraus, daß der Tatbestand der §§ 281 Abs. I, 816 Abs. I Satz 1 auch dieser Art

---

[1] *Oertmann* § 462, 1. Diese Lehre stützt sich auf den Wortlaut des § 465: Der Käufer hat gegen den Verkäufer einen Anspruch auf Einwilligung in die vom Käufer verlangte Wandlung oder Minderung.

[2] *Soergel-Siebert-Ballerstedt* § 462, 3; *Blomeyer* AcP 151, 97 f. Diese Auffassung kann Gesichtspunkte der Prozeßökonomie für sich geltend machen: Der Käufer kann unmittelbar Klage auf Rückzahlung erheben.

[3] *Hellwig* III, 1, S. 102; *Esser* II, S. 43, meint, daß dem Gesetz ein klares dogmatisches Konzept nicht zu entnehmen ist.

[4] *Schlochoff* S. 24, Fußnote 18.

[5] *Bötticher* S. 41 f.

[6] Wenn im folgenden von Gestaltungsrechten die Rede ist, so sind auch die Wandlungs- und Minderungsrechte gemeint, ohne daß ich mich damit zu der Ansicht bekennen will, diese Rechte seien Gestaltungsrechte. Im Gegenteil; ich neige der Auffassung zu, daß die Rechte auf Wandlung und Minderung echte Ansprüche im Sinne des § 194 sind, die nur hinsichtlich ihrer Wirkungen den Gestaltungsrechten sehr ähnlich sind. Die abweichende Terminologie des folgenden Textes wurde nur aus Gründen einer möglichst wenig umständlichen Darstellung gewählt.

## § 6 Die Gestaltungsrechte als Gegenstand von Surrogationsansprüchen

Rechte erfaßt. Sie müßten also „durch die Verfügung" oder „infolge der Verfügung" erlangt sein. Bezieht sich das Gestaltungsrecht auf die Verfügung selbst — insofern kommt nur ein Anfechtungsrecht in Betracht[7] —, so ist diese Voraussetzung ohne weiteres erfüllt, da das Verfügungsrechtsgeschäft die Anfechtungsrechte, die ja wegen Willensmängel beim Vertragsschluß entstehen, hervorbringt, diese also im Sinne des Gesetzeswortlauts durch oder infolge der Verfügung erlangt werden.

Doch auch nur auf das Kausalgeschäft bezogene Gestaltungsrechte lassen sich nach dem Wortlaut der §§ 281 Abs. I, 816 Abs. I Satz 1 als rechtsgeschäftliche Surrogate einordnen, wenn man — wie hier[8] — als infolge bzw. durch die Verfügung erlangt alles ansieht, was im gerade durch das Kausalgeschäft hergestellten Zusammenhang mit der Verfügung erworben ist.

Mit der Erkenntnis, daß der Wortlaut der §§ 281, 816 gestattet, die Gestaltungsrechte als rechtsgeschäftliche Surrogate in diesem Sinne zu bestimmen, weil sie auf das Verfügungs- oder (und) Kausalgeschäft derart bezogen sind, daß sie ihm hinsichtlich ihrer Entstehung, ihres Fortbestehens und ihres Untergangs untrennbar verbunden sind, ist die Frage, ob und inwieweit diese Gestaltungsrechte Gegenstand der Surrogationsansprüche sind, nicht beantwortet. Nicht der Wortlaut des Gesetzes, sondern dessen Sinn und Zweck sind für die Entscheidung dieses Problems maßgebend.

---

[7] Die Verfügung ist ein Rechtsgeschäft und daher anfechtbar. Selbst die Anfechtung eines Verfügungsgeschäftes nach § 119 Abs. II ist nicht schlechthin ausgeschlossen. Die vom OLG Hamburg in Das Recht 1908, Sp. 45 vertretene Auffassung, die Anfechtung einer Einigung über Eigentumsübergang nach § 119 Abs. II sei deshalb nicht möglich, weil nicht der Irrtum über eine Eigenschaft den Verfügenden zur Übereignung bestimme, sondern die Annahme, der obligatorische Kaufvertrag, den er mit der Übereignung erfüllen will, sei gültig und fehlerlos zustande gekommen, entspricht nicht der psychologischen Wirklichkeit. Dasselbe gilt von der Argumentation *Schloßmanns* S. 17, der es für undenkbar hält, daß die richtige oder falsche Vorstellung von den Eigenschaften der Sache die Übereignungserklärung irgendwie maßgebend beeinflussen könnte.

Das Reichsgericht (66, 390) hat bei der Frage der Anfechtbarkeit der dinglichen Einigung nach § 119 Abs. II entscheidend darauf abgestellt, ob das Erfüllungsgeschäft in einem Willensakt mit dem zugrunde liegenden anfechtbaren Kausalgeschäft zusammenfällt. Das Problem der Anfechtbarkeit der dinglichen Einigung betrifft den Tatbestand des § 119 Abs. II. Demgemäß ist die Einigung über den Eigentumsübergang dann nach § 119 Abs. II anfechtbar, wenn der Eigenschaftsirrtum des Verfügenden auch im Hinblick auf die Übereignung beachtlich ist. Da die Beachtlichkeit des geschäftlichen Eigenschaftsirrtums aus dem Abweichen der Istbeschaffenheit von der dem Rechtsgeschäft entsprechenden Beschaffenheit folgt (*Flume*, Eigenschaftsirrtum; *ders.*, Allg. Teil S. 478), hängt die Anfechtbarkeit der Einigung davon ab, ob die Eigenschaftsvereinbarung betr. den Verfügungsgegenstand auch Inhalt des dinglichen Vertrages geworden ist.

[8] Siehe oben S. 31 f.

## § 6 Die Gestaltungsrechte als Gegenstand von Surrogationsansprüchen

Der den Surrogationsansprüchen zugrunde liegende Rechtsgedanke ist der, daß Vermögenswerte, die jemandem zugeflossen sind, dem sie nach der Rechtsgüterordnung nicht gebühren, denjenigen zuzuordnen sind, denen sie gebühren[9]. Ob diese Rechtsidee die Gestaltungsrechte betrifft, hängt auch davon ab, ob sich Gestaltungsrechte überhaupt als Vermögenswerte in diesem Sinne qualifizieren lassen. Zwar ist der Begriff des durch die Verfügung Erlangten weiter gefaßt als der des Entgelts[10]. Jedoch richten sich die Surrogationsansprüche der Natur der Sache nach nur auf vermögenswerte Gegenstände; sie wollen ungerechtfertigte Vermögensverschiebungen ausgleichen[11].

III. Ob die Gestaltungsrechte dem Vermögen einer Person zugerechnet werden können, darüber besagt die Seckelsche Definition des Gestaltungsrechts als eines subjektiven privaten Rechts, das durch einseitige Erklärung ausgeübt wird und dessen Ausübung unmittelbar auf die Rechtslage einwirkt, nichts[12]. Die von Seckel unter dem Begriff Gestaltungsrecht zusammengefaßten Rechtserscheinungen sind auch wohl zu vielgestaltig, als daß sich diesbezüglich einheitliche Aussagen über sie machen ließen[13].

Die Gestaltungsrechte gewähren ihrem Inhaber einen rechtlichen Vorteil, indem sie ihm die Befugnis darüber zuordnen, ob das Rechtsgeschäft so gelten soll. Aber auch diese Beschreibung des Gestaltungsrechts als rechtlicher Vorteil reicht nicht aus, ihren Surrogatscharakter zu begründen[14], weil es auch rechtliche, aber nicht vermögenswerte Vorteile gibt[15].

Ebenso ergibt sich die Zugehörigkeit der Gestaltungsrechte zum Vermögen ihres Inhabers nicht daraus, daß die Ausübung von Gestal-

---

[9] RG 120, 299 f.; 120, 349 f.; 157, 44; sämtliche Entscheidungen betreffen § 281; für § 816 gilt jedoch insoweit dasselbe.
[10] *Freund* S. 52.
[11] Insoweit sind sie den Bereicherungsansprüchen verwandt.
[12] *Seckel* S. 205 f. Ebenso unergiebig ist die Aussage *Hubmanns* S. 125, Gestaltungsrechte seien „Rechte, die schon das Wertstreben schützen".
[13] Ich habe Zweifel, ob angesichts der Verschiedenheit der als Gestaltungsrechte eingestuften Rechtsfiguren ein einheitlicher Begriff des Gestaltungsrechts in seiner von *Seckel* geprägten und noch heute gültigen Form sachlich berechtigt ist. Da der Begriff jedoch in Rechtsprechung und Literatur (*Dölle*, Entdeckungen, S. 10, feiert ihn gar als juristische Entdeckung) allgemeine Anerkennung gefunden hat, wird man ihn respektieren müssen. Es scheint mir aber der Erwägung wert, den Begriff des Gestaltungsrechts dahin einzuschränken, daß er nur noch die sogenannten sekundären bzw. unselbständigen Gestaltungsrechte umfaßt, die unbestreitbar zahlreiche Gemeinsamkeiten aufweisen, die ihre begriffliche Zusammenfassung rechtfertigen.
[14] Entgegen *Freund* S. 52.
[15] Ebenso unrichtig *Waltermann* S. 36, der Gestaltungsrechte als Vermögensrechte einordnet, „da sie ihrem Inhaber die Macht verleihen, durch ihre Ausübung seine Interessen zu befriedigen". Das aber reicht nicht aus!

tungsrechten erhebliche Auswirkungen im Vermögen der beteiligten Personen haben kann. Es wird häufig so sein, daß die Nutzung von nicht zum Vermögen gehörenden Rechten (z. B. die Einwilligung in die Beeinträchtigung von Persönlichkeitsrechten gegen Entgelt) auch irgendwelche Auswirkungen im Vermögen des Rechtsinhabers hervorruft, ohne daß dieses Recht deshalb zu einem Vermögensrecht wird[16].

## § 7 Eine Analyse der im Rahmen eines Surrogationsanspruchsverhältnisses beteiligten Interessen im Hinblick auf Gestaltungsrechte des Schuldners

Nachdem sich erwiesen hat, daß weder Definitionen noch Beschreibungen des Gestaltungsrechts zur Lösung des Problems der Gestaltungsrechte als Gegenstand von Ansprüchen auf Herausgabe des rechtsgeschäftlichen Surrogates beizutragen vermögen, soll nunmehr der Versuch unternommen werden, durch eine Analyse der Interessen der an einem Surrogationsanspruchsverhältnis beteiligten Personen im Hinblick auf das Gestaltungsrecht die Frage des Vermögenswertes der Gestaltungsrechte und damit ihres Surrogatcharakters zu entscheiden. Hinsichtlich des Gläubigers, des Schuldners und des Dritten läßt sich die Interessenlage so beschreiben:

I. Der Dritte als Gestaltungsgegner ist durch das Gestaltungsrecht derart belastet, daß er die Ausübung durch den Inhaber hinnehmen muß. Er kann nicht darauf vertrauen, daß die Entscheidung des Gestaltungsberechtigten hinsichtlich der Ausübung seines Rechts sachgerecht ist. Insofern ist er der Willkür des Berechtigten ausgesetzt. Der Gestaltungsgegner hat insbesondere keinen Anspruch darauf, daß der Berechtigte sein Recht in bestimmter Art und Weise ausübt. So kann er die Wirksamkeit der Ausübung des Gestaltungsrechts nicht mit der Begründung bestreiten, daß diese gegen die eigenen Interessen des Ge-

---

[16] *Hubmann* S. 365 f. stellt hinsichtlich der Frage des Vermögenswertes von Persönlichkeitsrechten darauf ab, ob die Erteilung der Erlaubnis aus Benutzung des Persönlichkeitsgutes gegen Entgelt üblich ist und ob sie wegen Sittenwidrigkeit unzulässig ist. Dieser Auffassung vermag ich nicht zuzustimmen. Hubmann verkennt, daß es nicht ungewöhnlich ist, gegen Entgelt in die Verletzung nicht-vermögenswerter Rechte einzuwilligen: z. B. die Einwilligung des Blutspenders in die Verletzung seiner körperlichen Integrität gegen Honorar. Wie das Recht auf körperliche Integrität wird auch das Persönlichkeitsrecht nicht deshalb zu einem Vermögensrecht, weil es nicht unüblich ist, daß die Erlaubnis zur „Verletzung" des Persönlichkeitsgutes gegen Entgelt erteilt wird. Meines Erachtens sind Persönlichkeitsrechte keine Vermögensrechte, weil es nicht ihr Zweck ist, das Vermögen ihrer Inhaber zu schützen. (Es käme wohl auch niemand auf die Idee, Persönlichkeitsrechte ziffernmäßig zu bewerten und in eine Vermögensbilanz aufzunehmen.)

staltungsberechtigten erfolgt ist oder daß der Berechtigte das Gestaltungsrecht auf Geheiß und im Interesse Dritter ausgeübt hat. Somit stehen gesetzlich legitimierte Interessen des Gestaltungsgegners nicht entgegen, wenn die Entscheidung über die Ausübung des Gestaltungsrechts nicht von dem Inhaber, sondern einem Dritten, etwa dem Gläubiger des Surrogationsanspruchs, getroffen wird.

II. Die gesetzliche Wertung der Interessen des Gläubigers und des Schuldners des Surrogationsanspruchs im Hinblick auf Gestaltungsrechte des Schuldners betreffend das Rechtsverhältnis zu dem Verfügungsempfänger ist folgende:

Wegen des Bestehens des Surrogationsanspruchs berührt die Ausübung des Gestaltungsrechts das Vermögen des Schuldners des Surrogationsanspruchs und Inhabers des Gestaltungsrechts nicht, weil sie im Ergebnis zu keiner Veränderung seiner Vermögenslage, weder zu einer Verbesserung noch zu einer Verschlechterung, führt[1]. Wie oben dargelegt, muß der Schuldner dem Gläubiger den durch die Ausübung des Gestaltungsrechts ausgelösten Rückgewähranspruch abtreten. Daher wird durch die Ausübung des Gestaltungsrechts des Schuldners letztlich nur das Vermögen des Gläubigers betroffen; das wirtschaftliche Interesse an der Ausübung des Gestaltungsrechts verlagert sich vom Schuldner als dem Inhaber des Rechts auf den Gläubiger als denjenigen, den die Folgen der Gestaltung bezüglich ihrer Auswirkungen auf das Vermögen treffen. Es ist daher folgerichtig, dem Gläubiger und nicht dem Schuldner die Entscheidung über die Ausübung des Gestaltungsrechts zu überlassen, soweit das Gestaltungsrecht zum Schutz von Vermögensinteressen besteht. Seine Korrekturfunktion kann das Gestaltungsrecht nämlich nur erfüllen, wenn der Gläubiger des Surrogationsanspruchs die Dispositionsbefugnis hinsichtlich der Ausübung des Gestaltungsrechts erhält[2].

Das Ergebnis der Interessenwertung lautet also:

Gestaltungsrechte gebühren dem Gläubiger des Surrogationsanspruchs und unterliegen daher der Herausgabepflicht nach §§ 281 Abs. I, 816 Abs. I Satz 1, wenn sie Vermögensinteressen hinsichtlich des Rechtsgeschäfts wahren sollen, dem sie verbunden sind und dessen

---

[1] Auswirkungen der Ausübung von Gestaltungsrechten auf etwaige mit dem Surrogationsanspruch konkurrierende Schadensersatzansprüche bleiben hier außer Betracht.

[2] Von der Korrekturfunktion der Gestaltungsrechte bei einem Zwiespalt zwischen Interessenlage und Rechtslage spricht *Remé* S. 60 f. Korrekturbedeutung hat das Gestaltungsrecht aber nur für den Gläubiger des Surrogationsanspruchs, den allein die Folgen seiner Ausübung wirtschaftlich treffen. Also zwingt gerade die Korrekturfunktion der Gestaltungsrechte dazu, sie als Gegenstand der Surrogationsansprüche anzuerkennen, wenn und soweit sie aus Gründen des Schutzes von Vermögensinteressen bestehen.

§ 8 Die Anfechtungsrechte als Gegenstand von Surrogationsansprüchen 41

wirtschaftliche Vorteile nach dem Zweck der Surrogationsansprüche dem Gläubiger zufließen sollen.

III. Die Frage nach dem Surrogatscharakter der Gestaltungsrechte läßt sich somit nicht abstrakt entscheiden. Der Begriff der Gestaltungsrechte ist zu vielgestaltig, als daß er eine generelle Aussage zuließe, ob Gestaltungsrechte Vermögensinteressen zu dienen bestimmt sind. Selbst für einzelne Gestaltungsrechte läßt sich die Entscheidung über den Surrogatscharakter nicht immer allgemein treffen[3]. Vielmehr muß die Frage ganz konkret gestellt werden: Ist dieses bestimmte Gestaltungsrecht in diesem bestimmten Fall Gegenstand des Surrogationsanspruchs, ist es also in diesem bestimmten Fall deshalb entstanden, weil es Vermögensinteressen des Gestaltungsberechtigten wahren soll? Es muß der konkrete Entstehungstatbestand eines Gestaltungsrechts in Beziehung gesetzt werden zu dem Zweck der Surrogationsansprüche, dem Gläubiger die Vermögensvorteile aus dem Rechtsverhältnis zwischen dem Verfügenden (Schuldner) und Verfügungsempfänger (Dritten) zuzuwenden.

Welche Erwägungen hierbei maßgebend sind, soll für die verschiedenen Gestaltungsrechte nun an Hand einiger Beispielsfälle dargestellt werden.

## § 8 Die Anfechtungsrechte als Gegenstand von Surrogationsansprüchen

Eine Gruppe der unselbständigen Gestaltungsrechte, deren Ausübung Rückgewährschuldverhältnisse auszulösen vermag, bezeichnet das Gesetz als Anfechtungsrechte. Ihre Entstehung ist zum Beispiel bedingt durch in §§ 119, 123 beschriebene Willensmängel, die einer rechtsgeschäftlichen Erklärung anhaften. In § 119 Abs. I stellt sich der Willensmangel als Erklärungs- und Inhaltsirrtum, in § 119 Abs. II als Eigenschaftsirrtum dar. § 123 begründet ein Anfechtungsrecht des Erklärenden, wenn er zu seiner Erklärung durch arglistige Täuschung oder widerrechtliche Drohung veranlaßt worden ist. Anfechtungsrechte werden durch Willensmängel beim Zustandekommen einer Willenserklärung ausgelöst. Argumente für oder gegen die Einordnung der Anfechtungsrechte als Gegenstand der Ansprüche auf Herausgabe des rechtsgeschäftlichen Surrogates lassen sich aus den abstrakten gesetzlichen Tatbeständen nicht entnehmen. Erst die Verwirklichung des gesetz-

---

[3] Es gibt allerdings auch Gestaltungsrechte, die per definitionem Gegenstand der Surrogationsansprüche sind, weil ihnen schon nach dem gesetzlichen Entstehungstatbestand Surrogatscharakter zukommt, wie noch zu zeigen sein wird.

lichen Tatbestandes in concreto läßt die Entscheidung darüber zu, ob das Anfechtungsrecht ein Surrogat im Sinne der §§ 281, 816 ist, dessen Herausgabe der Gläubiger des Surrogationsanspruchs fordern kann[1].

I. Ein Anfechtungsrecht entsteht gemäß § 119 Abs. I dann, wenn sich jemand bei Abgabe einer Willenserklärung über deren Inhalt irrt oder eine Erklärung dieses Inhalts überhaupt nicht abgeben wollte. Dabei ist gleichgültig, auf welchen Teil der Vertragserklärung sich der Irrtum des Erklärenden bezieht. In Betracht kommen insbesondere der Irrtum über Umfang und Inhalt von Leistung und Gegenleistung.

*1. C hat im Uhrengeschäft des B eine Armbanduhr zum Kauf ausgewählt, die im Schaufenster ausgelegt ist. Als B dem C eine entsprechende Uhr aus seinem Lagerraum holen will, vergreift er sich und überreicht dem C aus Versehen eine gleichartige Armbanduhr, die er vorher bereits an A veräußert hatte, die A aber zurückgegeben hatte, damit B geringfügige Änderungen am Armband vornehmen sollte. Als A einige Tage später seine Uhr abholen will, stellt sich der Irrtum des B heraus. Da sämtliche Armbanduhren dieses Fabrikats bereits verkauft sind, will A alle Möglichkeiten ausschöpfen, um „seine" Uhr von C zurückzuerhalten.*

Die Eigentumsübertragungserklärung des B hinsichtlich der Uhr des A ist gemäß § 119 Abs. I anfechtbar, nicht, weil B sich über die Eigentumsverhältnisse bezüglich der Uhr geirrt hat — dieser Irrtum berechtigt nicht zur Anfechtung[2] —, sondern weil er sich bei der Übergabe der Uhr an C vergriffen hat, so daß er dem C eine Uhr übereignet hat, die er gar nicht übereignen wollte, und sich so in einem nach § 119 Abs. I erheblichen Irrtum über den Inhalt seiner Einigungserklärung befand. Es handelt sich hier um den Fall der Begründung eines Anfechtungsrechts durch Identitätsirrtum: Infolge Vergreifens hat B an Stelle einer ihm gehörenden Armbanduhr die gleichartige Uhr des A übereignet. Also kann B gemäß § 143 Abs. I durch Erklärung gegenüber C die Nichtigkeit seiner Einigungserklärung herbeiführen, mit der Folge, daß die Wirkungen der Verfügung des B aufgehoben werden, die Eigentumsverhältnisse also wieder so sind wie vor der Verfügung des B, d. h. A wieder Eigentümer der Armbanduhr wird. Da B als Nichtberechtigter über die Armbanduhr des A verfügt hat, A daher einen Anspruch aus § 816 Abs. I Satz 1 gegen B auf Herausgabe des im durch

---

[1] Ohne dies näher zu begründen, vertritt *Waltermann* S. 82 die entgegengesetzte Auffassung, daß nämlich jedes Anfechtungsrecht unabhängig von seinem Entstehungstatbestand der Herausgabepflicht des § 816 Abs. I Satz 1 unterliegt.

[2] *Flume*, Eigenschaftsirrtum, S. 162; *Enneccerus-Nipperdey* S. 1049; *Palandt-Danckelmann* § 119, 4 c; BGH 34, 41; OGH NJW 1949, 221.

### § 8 Die Anfechtungsrechte als Gegenstand von Surrogationsansprüchen

das Grundgeschäft zwischen B und C hergestellten Zusammenhang mit der Verfügung Erlangten hat, betreffen die Folgen der Anfechtung der Einigung wirtschaftlich in erster Linie den A. Hingegen ist es dem B möglicherweise gleichgültig, wer letztlich die Armbanduhr erhält. Vielleicht ficht er auch deshalb nicht an, weil er die Unannehmlichkeiten scheut, die mit der Anfechtung und der Abwicklung des daraus resultierenden Rückgewährschuldverhältnisses verbunden sind.

Für die Beantwortung der Frage, ob das (jeweilige) Irrtumsanfechtungsrecht Vermögensinteressen zu dienen bestimmt ist und deshalb Surrogat gemäß §§ 281 Abs. I, 816 Abs. I Satz 1 ist, ist Art und Inhalt des Irrtums maßgebend. Betrifft der Irrtum den Umfang der Gegenleistung oder wertbestimmende Eigenschaften des Verfügungsgegenstandes, so erfüllt das daraus resultierende Anfechtungsrecht gemäß § 119 Abs. I oder § 119 Abs. II diese Voraussetzung. In diesen Fällen ist das Anfechtungsrecht gleichsam ein Ausgleich dafür, daß infolge des Irrtums die Gegenleistung kein Äquivalent für den Verfügungsgegenstand darstellt. Dieser Ausgleich aber gebührt nach Sinn und Zweck der §§ 281 Abs. I, 816 Abs. I Satz 1 dem Gläubiger der Surrogationsansprüche.

Kühne hat gerade unter Hinweis auf die Anfechtung des Eigentumserwerbs nachdrücklich bestritten, daß das Anfechtungsrecht Vermögensinteressen zu befriedigen bestimmt sei[3]. Sein Einwand lautet, das Anfechtungsrecht diene der Durchsetzung des Willensdogmas, daß nämlich der Erklärende nicht gegen seinen Willen ein Rechtsgeschäft als von ihm getätigt gelten lassen müsse.

Diese Betrachtungsweise Kühnes ist vordergründig. Daß die Anfechtungsrechte der Durchsetzung des Willensdogmas dienen, ist unbestreitbar richtig. Kühne irrt jedoch, wenn er glaubt, damit ein Argument gegen die Vermögensinteressenschutzfunktion der Gestaltungsrechte gefunden zu haben. Vielmehr schließt die eine Funktion — Durchsetzung des Willensdogmas — die andere — Schutz von Vermögensinteressen des Gestaltungsberechtigten — nicht aus, sondern bedingt sie sogar insofern, als die Art des Irrtums darüber entscheidet, ob das Irrtumsanfechtungsrecht dem Schutz von Vermögensinteressen dient und damit selbst Vermögenswert hat.

Die Auffassung Kühnes, das Anfechtungsrecht diene nicht Vermögensinteressen, sondern der Durchsetzung des Willensdogmas, trifft nur in einem Teil der Irrtumsfälle zu, wie zum Beispiel in diesem Fall des Identitätsirrtums: Wenn der Verfügende eine andere, aber gleichartige[4] Sache übereignet als er übereignen wollte, so betrifft dieser

---
[3] *Kühne* S. 94 f.
[4] Anders aber, wenn der Verfügende infolge Identitätsirrtums eine höherwertige Sache übereignet: Dann betrifft der Irrtum des Anfechtungsberech-

Irrtum nicht das Vermögen, sondern ausschließlich das Willensdogma. Das Anfechtungsrecht des B aus § 119 Abs. I ist daher nicht rechtsgeschäftliches Surrogat im Sinne der §§ 281 Abs. I, 816 Abs. I Satz 1. Es stellt keinen Vermögenswert dar.

2. Die Praktikabilität der hier entwickelten Thesen zu den Kriterien des Surrogatscharakters von Gestaltungsrechten soll nunmehr an weiteren Beispielsfällen geprüft werden.

*Der Erbe B schuldet dem A aus einem dem B noch nicht bekannten Briefvermächtnis einen Ring. B veräußert den Ring an C. C hatte für den Ring, der einen Wert von DM 400,— hat, DM 250,— geboten. Infolge eines Hörfehlers hatte B angenommen, das Preisgebot des C belaufe sich auf DM 350,—, und zugestimmt.*

Wiederum hat B ein Anfechtungsrecht aus § 119 Abs. I wegen Inhaltsirrtums, diesmal allerdings nur hinsichtlich des Kaufvertrags. B kann den Kaufvertrag mit C anfechten, weil er glaubte, die Annahme eines Kaufangebots zu einem Preis von DM 350,— erklärt zu haben, während er tatsächlich erklärt hat, er nehme das Angebot des C, das auf DM 250,— lautet, an. Das Anfechtungsrecht hat hier also den Sinn, B nicht an einem Kaufvertrag festzuhalten, nach dem B einen Kaufpreis von nur DM 250,— erhält und nicht DM 350,—, wie B es vereinbart glaubte. Der Irrtum des B über den Inhalt seiner Erklärung hat ihn veranlaßt, einen wirtschaftlich ungünstigeren Vertrag zu schließen als er schließen wollte. Diesen Vertrag zu beseitigen, ist das Anfechtungsrecht bestimmt. Das heißt, in diesem Fall dient das Anfechtungsrecht auch Vermögensinteressen[5].

Wegen des Anspruchs des A gegen B auf Ersatzherausgabe gemäß §§ 2174, 281 treffen die Folgen der Anfechtung des Kaufvertrages zwischen B und C letztlich nur das Vermögen des A, so daß in diesem Fall Gegenstand des Anspruchs auf Ersatzherausgabe auch das Anfechtungsrecht des B aus § 119 Abs. I sein muß.

Ein Vergleich der beiden ersten Beispiele macht deutlich: Ein Gestaltungsrecht, das an die den Surrogationsanspruch auslösende Verfügung oder das zugrunde liegende Kausalgeschäft gebunden ist, hier das Anfechtungsrecht wegen Inhaltsirrtums nach § 119 Abs. I, kann

---

tigten mittelbar auch den Wert des Verfügungsgegenstandes, was ausreicht, das Anfechtungsrecht als Surrogat im Sinne der §§ 281, 816 zu qualifizieren.

[5] Dies gegen *Kühne* S. 94 f., der — wie oben dargelegt — meint, das Anfechtungsrecht diene immer nur der Durchsetzung des Willensdogmas und niemals auch dem Schutz von Vermögensinteressen. *Kühne* betrachtet zu Unrecht nur den gesetzlichen Entstehungstatbestand der Anfechtungsrechte, der allerdings nicht die Einordnung der Gestaltungsrechte als Vermögenswerte zuläßt, und nicht auch seine Verwirklichung in concreto.

### § 8 Die Anfechtungsrechte als Gegenstand von Surrogationsansprüchen 45

Gegenstand der Ansprüche auf Herausgabe des rechtsgeschäftlichen Surrogates sein, ist es aber nicht schon deshalb, weil die wirtschaftlichen Folgen seiner Ausübung den Gläubiger des Anspruchs treffen. Der konkrete Sachverhalt, der das Gestaltungsrecht begründet — beim Anfechtungsrecht nach § 119 Gegenstand und Inhalt des Irrtums —, läßt in dem einen Fall das Gestaltungsrecht als rechtsgeschäftliches Surrogat erscheinen, im anderen Fall dagegen nicht, je nachdem, ob Vermögensinteressen für die Entstehung des Gestaltungsrechts mitbestimmend waren oder ausschließlich andere Gesichtspunkte, wie z. B. die Durchsetzung des Willensdogmas bei der Irrtumsanfechtung.

*II. 1. Die A gibt der Nachbarin D eine wertvolle Brillantbrosche in Verwahrung. Als die D stirbt, fällt ihrem Sohn und Erben B beim Sichten des Nachlasses das Schmuckstück in die Hände. Da B weiß, daß seine Mutter keinen wertvollen Schmuck besaß, hält er es für unechten Modeschmuck und verkauft die Brosche zu einem dementsprechend bemessenen Preis an C. C weigert sich, der A den Schmuck zurückzugeben.*

Die Anwendung der oben entwickelten Grundsätze ergibt hier folgendes: Der nach § 119 Abs. II erhebliche Irrtum des B über eine wertbestimmende Eigenschaft, nämlich die Echtheit des Schmuckstücks, führt zu einer Äquivalenzstörung im Verhältnis der beiderseitigen Leistungen, so daß das Anfechtungsrecht des B als rechtsgeschäftliches Surrogat einzuordnen ist. Um einem Mißverständnis vorzubeugen, sei darauf hingewiesen, daß das Wertverhältnis zwischen Leistung und Gegenleistung im Hinblick auf den Surrogatscharakter der Anfechtungsrechte und anderer Gestaltungsrechte irrelevant ist. Eine Äquivalenzstörung im hier gemeinten Sinn liegt schon dann vor, wenn der Erklärende sich über den Umfang der Gegenleistung oder über wertbestimmende Eigenschaften des Verfügungsgegenstandes geirrt hat und sich infolgedessen mit einer geringeren Gegenleistung einverstanden erklärt hat, als er erklären wollte, auch wenn die Gegenleistung immer noch höherwertig ist als der Verfügungsgegenstand.

*2. B ist Inhaber einer umfangreichen Gemäldegalerie, die zum Teil aus Leihgaben besteht. Der Bestand der Galerie ändert sich laufend durch Ankäufe und Verkäufe. B hat es sich zum Prinzip gemacht, nur an Privatleute zu verkaufen, nicht dagegen an Kunsthändler. Kunsthändler C, der dies weiß, leugnet auf eine entsprechende Frage des B hin ausdrücklich, Kunsthändler zu sein, und erwirbt von B ein Gemälde, das dem A gehört, das B aber infolge eines Irrtums, den er nicht zu vertreten hat, für sein Eigentum hält. Das Gemälde hat einen Wert von DM 20 000,—; der von C zu entrichtende Kaufpreis beträgt DM 17 000,—.*

Der nach § 119 Abs. II relevante Irrtum des B über verkehrswesentliche Eigenschaften seines Vertragspartners C[6] betrifft weder den Umfang der Gegenleistung noch wertbestimmende Eigenschaften des Verfügungsgegenstandes. In diesem konkreten Fall ist daher das Anfechtungsrecht des B aus § 119 Abs. II nicht Gegenstand des Ersatzherausgabeanspruchs des A gegen B nach § 281 Abs. I. Der Umstand, daß der Wert des Verfügungsgegenstandes höher ist als der der Gegenleistung, ist hier unbeachtlich; denn nicht diese Wertdifferenz hat die Entstehung des Anfechtungsrechts bewirkt, sondern allein der Irrtum des B über eine Eigenschaft des C, nämlich dessen Zugehörigkeit zur Berufsgruppe der Kunsthändler. Für die Entscheidung über den Surrogatscharakter von Gestaltungsrechten kann aber nur der Sachverhalt berücksichtigt werden, aus dem sich das Gestaltungsrecht herleitet, also nur solche Tatsachen, die den gesetzlichen Entstehungstatbestand des Gestaltungsrechts ausfüllen. Der Wertunterschied zwischen Leistung und Gegenleistung ist im Hinblick auf das Anfechtungsrecht wegen Irrtums über verkehrswesentliche Eigenschaften einer Person unerheblich.

Daraus folgt: Selbst wenn man den Fall dahingehend abwandelt, daß B an C nur zu einem erheblich höheren Preis verkauft hätte, wenn er gewußt hätte, daß C Kunsthändler ist, kann A von B nicht Herausgabe des Anfechtungsrechts nach § 816 Abs. I Satz 1 verlangen.

Die Begründung für dieses auf den ersten Blick wenig überzeugende Ergebnis gibt folgende Überlegung: Bei Irrtümern dieser Art entfällt der eigentliche Grund für die Anerkennung von Anfechtungsrechten als Surrogaten im Sinne der §§ 281, 816, da sich das Interesse an der Anfechtung nicht auf den Gläubiger des Surrogationsanspruchs verlagert. Das Interesse an der Anfechtung besteht bei einem Irrtum über Eigenschaften der Person darin, daß der Vertragspartner nicht gezwungen sein soll, an einem Vertrag mit einer Person festzuhalten, mit der er einen Vertrag nicht oder nicht mit solchem Inhalt abgeschlossen hätte, wenn er deren verkehrswesentliche Eigenschaften gekannt hätte. Dieses Interesse ist aber unabhängig davon, ob der Schuldner des Surrogationsanspruchs das Ergebnis aus dem Geschäft an den Gläubiger abführen muß oder nicht[7].

---

[6] Wie der Irrtum über die Eigenschaft einer Sache ist gemäß § 119 Abs. II auch der Irrtum über die Eigenschaft einer Person dann beachtlich, wenn die Person hinsichtlich dieser Eigenschaft nicht dem Rechtsgeschäft entspricht; *Flume*, Allgemeiner Teil, S. 478.

[7] Der Unterschied zu dem Fall des Identitätsirrtums, der mittelbar auch den Wert des Verfügungsgegenstandes betrifft (s. o. S. 43 f. Fußnote 4), besteht

### § 8 Die Anfechtungsrechte als Gegenstand von Surrogationsansprüchen

Etwas anderes gilt nur, wenn im Rahmen eines Kreditgeschäfts der Verkäufer über die Kreditwürdigkeit des Käufers irrt. Ein solcher nach § 119 Abs. II beachtlicher Eigenschaftsirrtum[8] führt zu einer Gefährdung des Anspruchs auf die Gegenleistung. Infolgedessen verlagert sich hier das Interesse an der Ausübung des Anfechtungsrechts von dem anfechtungsberechtigten Schuldner auf den Gläubiger des Surrogationsanspruchs. Mit anderen Worten: In diesem Fall hat das Anfechtungsrecht Vermögenswert und ist deshalb Surrogat.

Zusammenfassend ist zu der Problematik der Irrtumsanfechtungsrechte als Gegenstand von Ansprüchen auf Herausgabe des rechtsgeschäftlichen Surrogats zu bemerken:

a) Ein Anfechtungsrecht gemäß § 119 wegen Irrtums ist Surrogat im Sinne der §§ 281 Abs. I, 816 Abs. I Satz 1, wenn der Irrtum
   aa) Art oder Umfang der Gegenleistung oder
   bb) wertbestimmende Eigenschaften des Verfügungsgegenstandes selbst betrifft.

b) Ohne Einfluß auf die Bestimmung des Surrogatscharakters des Anfechtungsrechts ist der Wert von Leistung und Gegenleistung.

c) Das Anfechtungsrecht wegen Irrtums über verkehrswesentliche Eigenschaften einer Person gemäß § 119 Abs. II ist regelmäßig nicht Gegenstand der Ansprüche aus §§ 281 Abs. I, 816 Abs. I Satz 1, weil die Voraussetzungen zu a) meist nicht gegeben sind (wichtigste Ausnahme: Irrtum des Verkäufers über die Kreditfähigkeit des Käufers bei einem Kreditgeschäft).

III. Für die Anfechtungsrechte wegen arglistiger Täuschung und widerrechtlicher Drohung gilt zunächst das Ergebnis der bisherigen Untersuchungen entsprechend: Ist durch die Täuschung oder Drohung die Gegenleistung des Verfügungsempfängers nach Art oder Umfang anders vereinbart worden, als dies ohne die Täuschung geschehen wäre, so ist das sich daraus ergebende Anfechtungsrecht (§ 123) ohne weiteres Gegenstand des Anspruchs auf Herausgabe des rechtsgeschäftlichen

---

darin, daß dort der Irrtum über den Wert untrennbar mit dem das Anfechtungsrecht begründenden Irrtum verbunden ist, während hier ein Irrtum über den Wert des Verfügungsgegenstandes überhaupt nicht besteht: B hat das Gemälde trotz Kenntnis seines Werts zu einem geringeren Preis verkauft. Er hat also ganz bewußt eine das Vermögen mindernde Verfügung getroffen. Das Anfechtungsrecht ist kein „Reurecht", mit dem B diese Vermögensdisposition rückgängig machen kann.

Selbst wenn also der gem. § 119 Abs. II erhebliche Irrtum über die Person des Käufers dazu führt, daß der Verkäufer sich mit einem geringeren Kaufpreis zufrieden gibt, verlagert sich das Gestaltungsinteresse nicht auf den Gläubiger des Surrogationsanspruchs, sondern er bleibt ein Interesse des Verkäufers, sich von einem Vertrage mit einem Käufer, über dessen verkehrswesentliche Eigenschaften er sich bei Vertragsschluß geirrt hat, zu lösen.

[8] RG 66, 385.

Surrogates. Dasselbe gilt, wenn die Täuschung zu einem Irrtum des Getäuschten über wertbestimmende Eigenschaften des Verfügungsgegenstandes geführt hat.

*B verspricht dem A, bei Erwerb eines neuen PKW ihm seinen alten Wagen zu dem angemessenen Kaufpreis von DM 2000,— zu überlassen. Als B den neuen Wagen erwirbt, erreicht C mit der Drohung der Bekanntgabe sittlicher Verfehlungen des B, daß B ihm den Wagen für DM 2000,— veräußert.*

Die rechtswidrige Drohung des C gegenüber B hat hier nur bewirkt, daß B den Wagen anstatt an A an C veräußert hat. Hingegen hat sie auf die Höhe des Kaufpreises keinen Einfluß gehabt. Das dem B gemäß § 123 zustehende Anfechtungsrecht ist daher nicht Gegenstand des Anspruchs des A gegen B auf Herausgabe des rechtsgeschäftlichen Surrogates nach § 281 Abs. I. Es erscheint sachgerecht, in diesem Fall dem B die Entscheidung über die Ausübung des Anfechtungsrechts zu überlassen. Hätte dagegen C mit der rechtswidrigen Drohung zugleich die Minderung des Kaufpreises erreicht, wäre der Surrogatscharakter des Anfechtungsrechts nicht zu bestreiten gewesen, weil dann die erforderliche Beziehung des Entstehungstatbestandes des Gestaltungsrechts zu dem Umfang der Gegenleistung hergestellt wäre. Erfolgt die Täuschung oder Drohung nur im Hinblick auf das Zustandekommen des Vertrages und nicht auch auf die Vereinbarung der Konditionen der Gegenleistung, so ist das daraus resultierende Anfechtungsrecht nicht Surrogat im Sinne der §§ 281 Abs. I, 816 Abs. I Satz 1. So erstreckt sich auch im Fall der Täuschung über eine Eigenschaft einer Person (Gemälde-Fall) der Anspruch des A gegen B auf Herausgabe des rechtsgeschäftlichen Surrogates gemäß § 816 Abs. I Satz 1 nicht auf das Anfechtungsrecht, das zugunsten des B bezüglich der Veräußerung des Gemäldes an C wegen der arglistigen Täuschung des C über seinen Beruf entstanden ist, weil die Täuschung weder die Gegenleistung noch wertbestimmende Eigenschaften oder den Wert des Verfügungsgegenstandes[9] betrifft.

Weimar[10] hat die Kondizierbarkeit des Anfechtungsrechts aus § 123 wegen arglistiger Täuschung nach § 816 Abs. I Satz 1 mit der Begründung bejaht, das Anfechtungsrecht sei über die täuschende Person des Vertragsgegners entstanden. Weimar will also im Gegensatz zu der hier vorgeschlagenen differenzierenden Lösung jedes Anfechtungsrecht wegen arglistiger Täuschung der Herausgabepflicht des § 816 Abs. I

---

[9] Im Gegensatz zum Irrtum über den Wert des Verfügungsgegenstandes berechtigt die Täuschung über dessen Wert zur Anfechtung.
[10] JR 1934, 222; ihm folgend *Lautz* S. 31, Fußnote 145; *Soergel-Mühl* § 816, 15.

Satz 1 unterwerfen[11]. Zu begründen vermag Weimar seine Auffassung nicht. Die Behauptung, das Anfechtungsrecht wegen arglistiger Täuschung sei über die Person des Vertragsgegners entstanden, ist in diesem Zusammenhang nichtssagend.

Grundsätzlich ist wie beim Irrtumsanfechtungsrecht auch für den Surrogatscharakter der Anfechtungsrechte aus § 123 eine etwaige Wertdifferenz zwischen Leistung und Gegenleistung unerheblich. Praktisch wird es aber meist so sein, daß gerade die Täuschung oder Drohung zu der Wertdifferenz führt. Fälle, in denen die Wertdifferenz in keinem Zusammenhang mit der Täuschung oder Drohung steht, sind Ausnahmen[12].

## § 9 Sonstige Gestaltungsrechte als Gegenstand der gesetzlichen Surrogationsansprüche

*I. Der vermögenslose B erwirbt mit Geld des A ein Motorrad, dem ein nach § 459 erheblicher Mangel anhaftet, von C.*

Das Recht des B, Wandlung oder Minderung wegen des der Kaufsache anhaftenden Mangels zu verlangen, hat seinen Grund darin, daß die Kaufsache nicht so ist, wie sie nach den Vereinbarungen zwischen B und C im Kaufvertrag sein soll. Die Entstehung der Mängelgewährleistungsrechte des § 462 ist Folge der Beschaffenheit der Gegenleistung. Diese Bezogenheit auf Art und Umfang der Gegenleistung begründet den Charakter der Sachmängelgewährleistungsrechte als Surrogat im Sinne der §§ 281 Abs. I, 816 Abs. I Satz 1. Die Rechte des Käufers aus §§ 462, 459 sind daher per definitionem Gegenstand der Ansprüche auf Herausgabe des rechtsgeschäftlichen Surrogates.

II. Dasselbe gilt von den Rechten des Gläubigers nach §§ 325, 326. Da sie unmittelbar die Gegenleistung betreffen, indem sie dem Gläubiger ein Wahlrecht hinsichtlich der Rechtsfolgen der Unmöglichkeit der Gegenleistung und des Verzuges gewähren, sind sie Surrogat im Sinne der §§ 281 Abs. I, 816 Abs. I Satz 1. Maßgebend ist hier wie bei übrigen Gestaltungsrechten, daß Art oder Umfang der Gegenleistung für den Entstehungstatbestand der Rechte relevant sind. Das läßt sich von den Rücktrittsrechten wegen Unmöglichkeit und wegen Verzuges[1] ohne

---

[11] Ebenso *Waltermann* S. 82, der jedes Anfechtungsrecht unabhängig von seinem Entstehungsgrund in den Anwendungsbereich des § 816 einbeziehen will.
[12] Solche Ausnahmefälle sind der Gemälde-Fall und der Kraftfahrzeug-Fall.
[1] Und ebenso von den anderen Rechten der §§ 325, 326, unabhängig davon, ob sie Gestaltungsrechte sind.

weiteres behaupten, da sie sich als Ersatz für die vereinbarte, aber unmöglich gewordene oder verspätete Gegenleistung darstellen und so auch im weiteren Sinne „Ersatz" für den Verfügungsgegenstand sind.

III. Für die im Gegensatz zu Unmöglichkeit und Verzug im Gesetz nicht ausdrücklich geregelten übrigen Leistungsstörungen im Rahmen von Vertragsverhältnissen, die unter dem Sammelbegriff positive Vertragsverletzungen zusammengefaßt werden, läßt sich das Problem der Einordnung der durch sie ausgelösten Gestaltungsrechte als Gegenstand der Ansprüche auf Herausgabe des rechtsgeschäftlichen Surrogates wegen der Vielgestaltigkeit ihrer Entstehungstatbestände nicht einheitlich entscheiden.

Nicht jede positive Vertragsverletzung begründet ein Rücktrittsrecht des Gläubigers, sondern nur solche, die so schwerwiegend sind, daß infolgedessen die Abwicklung des Vertrages für den Gläubiger nicht mehr interessengerecht ist. In folgenden Fällen positiver Vertragsverletzung wird dem Gläubiger ein Rücktrittsrecht zugebilligt: ernsthafte Erfüllungsverweigerung vor Fälligkeit der Leistung[2]; beleidigendes Verhalten des Schuldners bei Vertrauensverhältnissen, und zwar nicht nur bei besonderen Treueverhältnissen, sondern auch, wenn die weitere Vertragsabwicklung ein Zusammenwirken der Parteien erfordert[3]; schwerwiegende Verletzung der dem Schuldner obliegenden Schutzpflichten; Hingabe oder Annahme von Schmiergeldern[4], z. B. die Zahlung von Bestechungsgeldern an den Angestellten des Käufers für Nichtbeachtung etwaiger Mängel der Kaufsachen[5]; Zuwiderhandlung gegen Wettbewerbsverbote und Schweigepflichten[6]; fortgesetztes Erheben unbegründeter Einwendungen durch den Käufer[7]. Dieser kleine Ausschnitt aus dem Katalog der ein Rücktrittsrecht begründenden positiven Vertragsverletzungen mag als Hinweis auf die Vielgestaltigkeit der Erscheinungsformen dieser Art Leistungsstörung genügen.

Nach dem Ergebnis der bisherigen Untersuchungen kann man das Rücktrittsrecht wegen positiver Vertragsverletzung nur dann als Surrogat im Sinne der §§ 281, 816 bestimmen, wenn es gleichsam die Gegenleistung ergänzt oder gar ersetzt. Das ist dann der Fall, wenn die vereinbarte Gegenleistung wegen der positiven Vertragsverletzung nicht mehr als Äquivalent (im Sinne der vertraglichen Vereinbarung) gewertet werden kann. Aus den oben angeführten Beispielen haben nur das Rücktrittsrecht wegen ernsthafter Erfüllungsverweigerung vor

---

[2] *Soergel - Reimer Schmidt* vor § 275, 43.
[3] RG 102, 408; 140, 375; Recht 1923 Nr. 1136.
[4] RG 149, 188.
[5] *Soergel - Reimer Schmidt* vor § 275, 45.
[6] RG 130, 379; 139, 105.
[7] RG Recht 1918 Nr. 1342.

Fälligkeit der Leistung und das wegen fortwährenden Erhebens unbegründeter Einwendungen durch den Käufer Surrogatscharakter, weil nur in diesen beiden Fällen auch die Rechtsposition des Gläubigers des Surrogationsanspruchs durch die positive Vertragsverletzung betroffen wird (Gefährdung des Anspruchs auf die Gegenleistung). Die übrigen hier beschriebenen positiven Vertragsverletzungen betreffen nur die am Vertragsverhältnis beteiligten Parteien und berühren nicht die Interessensphäre des Inhabers des Surrogationsanspruchs[8].

IV. Schließlich sei hier noch das Problem des Kündigungsrechts als Gegenstand der Ansprüche auf Herausgabe des rechtsgeschäftlichen Surrogats angesprochen. Es kann in folgendem Zusammenhang auftreten: Ist als Gegenleistung für die Verfügung des Surrogationsschuldners eine Dienstleistung des „Drittschuldners" vereinbart[9], richtet sich der Ersatzherausgabeanspruch des Gläubigers auf Abtretung des Anspruchs auf Erbringung der Dienstleistung. Es erhebt sich die Frage, ob auch ein außerordentliches Kündigungsrecht des Dienstberechtigten als Surrogat gemäß §§ 281 Abs. I, 816 Abs. I Satz 1 zu gelten hat.

In Anwendung der hier entwickelten Grundsätze muß die Antwort so lauten: Ist dem Entstehungstatbestand des Kündigungsrechts zu entnehmen, daß es als Ergänzung oder als Ersatz der Gegenleistung, hier der Dienstleistung, zu dienen bestimmt ist, muß der Surrogatscharakter des Kündigungsrechts bejaht werden. Demgemäß ist das Kündigungsrecht Surrogat im Sinne der §§ 281 Abs. I, 816 Abs. I Satz 1, wenn der Surrogationsschuldner sein Kündigungsrecht darauf stützt, daß der Drittschuldner seiner Leistungspflicht nicht oder nicht ordnungsgemäß nachgekommen ist. In dem Fall entspricht die Einordnung des Kündigungsrechts als Gegenstand der Ansprüche auf Herausgabe des rechtsgeschäftlichen Surrogats den berechtigten Vermögensinteressen des Ersatzherausgabeberechtigten, und zwar deshalb, weil die Art der Ausführung der Dienstleistung den Wert der Gegenleistung bestimmt und dieser wiederum maßgebend ist für den Umfang der Bereicherung des Surrogationsschuldners, so daß sich nach der Art der Ausführung der

---
[8] Bei der Abgrenzung der Interessensphären darf nur die Rechtslage nach Entstehung des Surrogationsanspruchsverhältnisses berücksichtigt werden. Daß der Gläubiger des Surrogationsanspruchs durch die wirksame Verfügung des Schuldners Rechte eingebüßt hat, darf nicht zur Begründung dafür herangezogen werden, daß dem Gläubiger das Gestaltungsrecht „gebühre". Die Argumentation, wegen der Beeinträchtigung der Rechtsposition des Gläubigers durch die Verfügung des Schuldners sei es gerechtfertigt, dem Schuldner die Herausgabepflicht auch bezüglich der Gestaltungsrechte aufzuerlegen, ist unzulässig. Daß durch die Ausübung des Gestaltungsrechts die Vereitelung des Gläubigerrechts rückgängig gemacht werden kann, besagt noch nicht, daß sie auch rückgängig gemacht werden soll. Ob sie rückgängig gemacht werden soll, kann nur auf Grund der hier angestellten Erwägungen zur Auslegung der §§ 281, 816 geschehen.
[9] Vgl. die von *Becker* S. 33 f., 65 f. gebildeten Fälle.

Dienstleistung auch ein Anspruch auf Herausgabe des rechtsgeschäftlichen Surrogats bemißt. Erbringt der Drittschuldner seine Dienstleistung in einer Weise, daß daraus dem Dienstberechtigten ein außerordentliches Kündigungsrecht gemäß § 626 erwächst, so ist wegen der Auswirkungen auf den Ersatzherausgabeanspruch auch das Kündigungsrecht als Gegenstand dieses Anspruchs anzusehen.

Damit ist dieser Teil der Untersuchungen abgeschlossen. Trotz willkürlicher Auswahl der Beispielsfälle[10] ist es m. E. gelungen, die Gesichtspunkte herauszustellen, die eine Entscheidung der Frage, ob das bestimmte Gestaltungsrecht im konkreten Fall als Gegenstand der Ansprüche auf Herausgabe des rechtsgeschäftlichen Surrogates einzuordnen ist, ermöglichen. Es hat sich ergeben, daß das Wandlungs- und Minderungsrecht des Käufers sowie das Rücktrittsrecht wegen Unmöglichkeit und Verzug Surrogate im Sinne der §§ 281 Abs. I, 816 Abs. I Satz 1 sind. Der Surrogatscharakter der übrigen Gestaltungsrechte läßt sich nur aus dem konkreten Entstehungstatbestand bestimmen, und zwar unter dem Aspekt, ob das Gestaltungsrecht aus dem Grunde besteht, daß eine Äquivalenzstörung in dem Schuldverhältnis zwischen Schuldner und „Drittschuldner" auszugleichen ist.

## § 10 Die Form der Herausgabe der Gestaltungsrechte

Auch die sogenannten sekundären, unselbständigen Gestaltungsrechte[1] können also Gegenstand der Ansprüche auf Herausgabe des rechtsgeschäftlichen Surrogates sein; d. h. der Gläubiger kann gegebenenfalls vom Schuldner die Herausgabe des in dessen Person entstandenen Gestaltungsrechts verlangen. Damit stellt sich die Frage, in welcher Form sich die Herausgabe vollzieht.

---

[10] Rechtstatsachenmaterial zu diesem Problemkreis steht nicht zur Verfügung.

[1] Terminologie nach *Seckel* S. 212, 216 f., dessen Unterscheidung zwischen sekundärem Gestaltungsrecht und unselbständigem Gestaltungsrecht allerdings keine Zustimmung verdient. Entgegen der Auffassung *Seckels* ist das Rücktrittsrecht sowohl sekundäres als auch unselbständiges Gestaltungsrecht und nicht wegen seiner „rekuperatorischen Funktion" selbständiges Gestaltungsrecht. Tatsächlich besteht kein Unterschied zwischen den sekundären und den unselbständigen Gestaltungsrechten; es handelt sich dabei nur um verschiedene Begriffe für denselben Tatbestand. So definiert auch *Seckel* die sekundären Gestaltungsrechte als solche, die in Beziehung zu bestimmten anderen Rechten stehen, und die unselbständigen Gestaltungsrechte ebenso als solche, die „mit anderen Rechten oder mit Passivstellungen ... verknüpft sind" (*Seckel* S. 217). Zu der Unterscheidung sah sich *Seckel* wegen seiner irrigen Auffassung von der rekuperatorischen Funktion der Rücktrittsrechte gezwungen (*Seckel* S. 217, Fußnote 3; dazu im einzelnen noch später).

## § 10 Die Form der Herausgabe der Gestaltungsrechte

I. Die Herausgabe eines Gestaltungsrechts bedeutet, daß dieses Gestaltungsrecht durch Handlungen seines Inhabers auf den Empfänger übergeht. Die Handlungen, die den Übergang von Rechten bewirken, nennt man Übertragung. Ein Synonym für „Herausgabe des Gestaltungsrechts" ist daher „Übertragung des Gestaltungsrechts". Unter diesem Thema ist das Problem in der wissenschaftlichen Literatur bekannt[2].

Das Gesetz enthält keine besonderen Vorschriften betreffend die Übertragung von Gestaltungsrechten. Die Problematik war den Verfassern des BGB nicht gegenwärtig. Insbesondere haben sie den Fall, daß Gestaltungsrechte Gegenstand von gesetzlichen Herausgabeansprüchen sein können, nicht bedacht[3].

Die Literatur hat sich des Problems der Übertragung von Gestaltungsrechten angenommen. Von ganz wenigen Ausnahmen abgesehen haben die Autoren allerdings die Übertragung von Gestaltungsrechten in Erfüllung gesetzlicher Ansprüche nicht behandelt.

1. Ausgangspunkt nahezu sämtlicher Untersuchungen ist die Vorschrift des § 413[4]. Aus § 413 wird ein Grundsatz der Übertragbarkeit anderer Rechte als schuldrechtlicher Forderungen herausgelesen[5].

Daß die Vorschrift des § 413 diesen Sinn habe, ist von Stoll bestritten worden[6]. Seiner Ansicht nach bestimmt § 413 nicht, Rechte seien übertragbar, sondern nur, welche Vorschriften für übertragbare Rechte gelten. So gesehen setzt die Anwendung des § 413 die Übertragbarkeit des Rechts voraus[7].

Praktische Bedeutung kommt dieser Meinungsverschiedenheit nicht zu. Diejenigen, die bei der Behandlung des Problems der Übertragbarkeit von Gestaltungsrechten die Vorschrift des § 413 zum Ausgangspunkt ihrer Untersuchungen machen, argumentieren mit denselben Überlegungen wie die anderen, die die Anwendung des § 413 auf Gestaltungsrechte ablehnen. Denn auch die ersteren konzedieren, daß Ausnahmen von der unbeschränkten Übertragbarkeit der Rechte nicht ausdrücklich im Gesetz vorgeschrieben sein müssen, sondern sich auch

---

[2] Außer dem grundlegenden Aufsatz von *Seckel* sind hier vor allem die Dissertationen von *Löwenthal, Schlochoff, Tils, Kühne, Remé* und *Waltermann* zu nennen.
[3] *Waltermann* S. 40 meint, die Verfasser des BGB hätten bei Schaffung der Vorschrift des § 667 nicht berücksichtigt, daß es auch nicht selbständig übertragbare Rechte gebe. Richtiger erscheint mir, „die Lücke im Rechtssystem" (so Waltermann S. 42) nicht im Rahmen der Regelung des § 667, sondern bei der gesetzlichen Ausgestaltung der Gestaltungsrechte zu sehen.
[4] *Seckel* S. 220; *Tils* S. 11; *Erman-Westermann* § 413, 1; *Kress* S. 534.
[5] *Soergel - Reimer - Schmidt* § 413, 1; *Palandt - Heinrichs* § 413, 1.
[6] *Stoll* AcP 135, 234 f.
[7] *Stoll* AcP 135, 236, Fußnote 1.

aus dem Systemzusammenhang des Gesetzes und somit aus der Rechtsordnung als einem Gefüge von Rechtssätzen und den auf ihnen basierenden Erkenntnissen ergeben können[8].

Die Anwendung oder Nichtanwendung des § 413 hat auf das Ergebnis der jeweiligen Untersuchung keinen Einfluß gehabt.

2. Nach ganz herrschender, nahezu einhelliger Lehre sind die sogenannten unselbständigen Gestaltungsrechte nicht selbständig übertragbar[9].

Die Begründung dafür hat vor allem Oertmann gegeben; er meint, es sei sinnlos, wenn ein Dritter über den Bestand eines zwischen anderen bestehenden Rechtsverhältnisses entscheiden könne[10]. Die von der übrigen Literatur gegebenen Begründungen gegen die Übertragung von Gestaltungsrechten stimmen im wesentlichen mit der Oertmanns überein und unterscheiden sich von ihr häufig nur in der Formulierung. So hat Tils die besondere Verbundenheit des Gestaltungsrechts mit dem zugrunde liegenden Rechtsverhältnis zur Begründung gegen die Abtretbarkeit von Gestaltungsrechten vorgetragen und ausgeführt, der Zweck der Gestaltungsrechte sei nicht, eine dritte Person ohne die entsprechenden Bindungen in das Schuldverhältnis derart einzuführen, daß diese über Sein oder Nichtsein des Schuldverhältnisses zu bestimmen hätte[11]. In dieselbe Richtung zielt das Argument Seckels, es habe keinen Sinn, die „Entscheidung über Liberation oder Nichtliberation einem Dritten suo nomine zu überlassen"[12]. Gleichermaßen lehnt Schlochoff die isolierte Übertragung unselbständiger Gestaltungsrechte ab, weil ein von der Rechtsstellung des ursprünglichen Inhabers losgelöstes Gestaltungsrecht in der Person des Dritten seinen Zweck verfehlen würde, Rechte und Verpflichtungen zu beeinflussen, zu denen es in Beziehung steht: „Die durch das Recht gewährte Macht, rechtsgestaltende Wirkungen herbeizuführen, kann deshalb nicht auf den übergehen, der selbst in keiner Beziehung zu den Rechten und Verpflichtungen steht, mit denen das Gestaltungsrecht verknüpft ist[13]." Loewenthal[14] und Kühne[15] übernehmen — auch in der Formulierung — für ihre übereinstimmenden Auffassungen die Begründung Oertmanns, daß die Entscheidung eines Dritten über die Geltung des Rechtsverhältnisses sinnlos sei.

---

[8] *Schlochoff* S. 31.
[9] *Seckel* S. 25 f.; *Sohm* S. 48; *Enneccerus - Lehmann* S. 332; *Flume*, Allg. Teil, S. 561 (für das Anfechtungsrecht); sowie die im folgenden genannten Autoren.
[10] *Oertmann* § 399, 1g (S. 442).
[11] *Tils* S. 29.
[12] *Seckel* S. 222.
[13] *Schlochoff* S. 33.
[14] a.a.O. S. 24.
[15] a.a.O. S. 68.

## § 10 Die Form der Herausgabe der Gestaltungsrechte

3. Die hier beschriebene ablehnende Haltung der Literatur betrifft allerdings nur die isolierte Abtretung von Gestaltungsrechten. Sehr deutlich in diesem Sinne hat sich Kress geäußert: „Die Abtretung des Gestaltungsrechts setzt voraus, daß die Wirkung der Ausübung des Rechts in der Person des Zessionars eintreten kann... Ausgeschlossen ist die Abtretung, wenn der Zessionar die rechtliche Wirkung nur in der Person des Zedenten hervorrufen könnte; eine solche Abtretung wäre der einer Forderung mit der Einschränkung, daß der Zessionar nur die Leistung an den Zedenten verlangen kann, zu vergleichen — Rechtsgebilde dieser Art sind unserer Rechtsordnung nicht geläufig. Für die Abtretung der Gestaltungsrechte auf Änderung, Aufhebung von Rechten, Schuldverhältnissen ist sonach erforderlich, daß auf den Zessionar auch diejenigen Rechte oder Verpflichtungen übergehen, auf welche die Ausübung des Gestaltungsrechts einwirkt[16]."

Im Ergebnis dieselbe Auffassung vertritt Schlochoff: „Das Gestaltungsrecht kann... zusammen mit den Rechten und Verpflichtungen übertragen werden, mit denen es verknüpft ist[17].

Larenz differenziert: Die Rechte aus §§ 250, 283, 326 seien an die Forderung gebunden und daher zusammen mit ihr abtretbar; das vereinbarte Rücktrittsrecht und das Recht zur Kündigung von Dauerschuldverhältnissen sei Bestandteil des Vertrages und daher an die Stellung als Vertragspartei gebunden; das Anfechtungsrecht schließlich sei an die Person des Erklärenden gebunden und gehe nur auf den Erben über[18].

Seckel will eine kombinierte Abtretung des Anfechtungsrechts und des mittels Anfechtung indirekt auszulösenden künftigen Bereicherungsanspruchs zulassen[19].

Gemäß Georgiades soll der Eigentümer von dem Vorbehaltskäufer, der den Kaufgegenstand vertragswidrig weiterveräußert hat, Abtretung des dem Vorbehaltskäufer bezüglich der Weiterveräußerung etwa zustehenden Rücktrittsrechts zusammen mit der noch ausstehenden Kaufpreisforderung verlangen können[20].

Im Falle des Eigentumserwerbs durch Geschäft „wen es angeht" läßt Westermann, „soweit die Interessen der Vertragspartner nicht verletzt werden, die Rechte aus dem Vertrag, praktisch vor allem die Gewährleistungsansprüche, mit dem Eigentum an den mittelbar Vertretenen gehen"[21].

---

[16] *Kress* S. 534.
[17] *Schlochoff* S. 34.
[18] *Larenz* I S. 410.
[19] *Seckel* S. 224 f.
[20] *Georgiades*, Eigentumsanwartschaft, S. 131.
[21] *Westermann* S. 205.

4. Hinsichtlich des Rücktrittsrechts bejaht Seckel die selbständige Übertragbarkeit, soweit dessen von Seckel so bezeichnete rekuperatorische Funktion in Frage steht[22]. In den hier interessierenden Fällen des zweiseitigen Vertrages, der durch den Rücktrittsberechtigten bereits erfüllt ist, hat Seckel sich daher für die Abtretbarkeit ausgesprochen. Nach Seckel hat die Abtretung des Rücktrittsrechts allerdings die Wirkung, daß seine Ausübung durch den Zessionar ohne weiteres „forderungsbegründend zugunsten und schuldbegründend zu Lasten des Zurücktretenden" wirkt, „ohne Zuhilfenahme einer Zession" und „ohne Zuhilfenahme einer Schuldübernahme, also auch ohne den Willen des Gegners". Ausdrücklich betont Seckel: „Die Vorstellung einer Zession der künftigen Forderung auf Rückgewähr des Empfangenen wird man nicht zur Hilfe heranziehen brauchen, nicht einmal heranziehen dürfen[23]." Die mit so weitgehenden Wirkungen ausgestattete Abtretung wird von Kühne als „materielle Übertragung" gekennzeichnet, was also bedeutet, daß die materiellen Wirkungen der Ausübung des Gestaltungsrechts in der Person des Zessionars eintreten[24]. Kühne hat richtig erkannt, daß die „materielle Übertragung" von unselbständigen Gestaltungsrechten mit der positiven Regelung des Gesetzes unvereinbar ist[25]. Gegen die Auffassung von Seckel zur Übertragung von Rücktrittsrechten hat sich auch Oertmann gewandt, der feststellt, daß die Rechte und Pflichten aus der Ausübung des Rücktrittsrechts keinesfalls in der Person des Zessionars entstünden; denn unmöglich könne dem Gegner ein anderer Schuldner aufgedrängt werden[26].

So ergibt die Zusammenstellung der Meinungen zum Problem der Übertragbarkeit unselbständiger Gestaltungsrechte ein buntes Bild uneinheitlicher Auffassungen. Eine herrschende Lehre hat sich bisher nicht gebildet, wohl vor allem deshalb nicht, weil man sich nicht einmal über die Terminologie einigen konnte. Nur soviel läßt sich an dieser Stelle sagen: Nach ganz überwiegender Auffassung ist die isolierte Abtretung unselbständiger Gestaltungsrechte unzulässig. Höchst streitig ist dagegen, inwieweit die Gestaltungsrechte zusammen mit der Forderung, mit der sie verknüpft sind, auf den Zessionar übergehen, oder ob sie an die Position als Vertragspartei gebunden sind, oder ob sie nur von demjenigen ausgeübt werden können, in dessen Person sie entstanden sind und eventuell noch von dessen Erben.

II. All die hier dargestellten Lehren lassen jedoch unberücksichtigt, daß Gestaltungsrechte Gegenstand von gesetzlichen Surrogationsan-

---
[22] *Seckel* S. 222.
[23] *Seckel* S. 222, Fußnote 2.
[24] *Kühne* S. 68 f.
[25] *Kühne* S. 94 f.
[26] *Oertmann* § 399, 1g.

sprüchen sein können, daß es also gesetzliche Ansprüche auf Herausgabe von Gestaltungsrechten gibt. Die Ergebnisse der bisherigen Untersuchungen betreffend die Übertragbarkeit von Gestaltungsrechten können daher für die Problematik der Gestaltungsrechte als Gegenstand von Surrogationsansprüchen keine Geltung beanspruchen.

1. Demgemäß sind auch gegen die Methode der Untersuchungen von Waltermann grundsätzliche Einwendungen zu erheben. Waltermann verstellt sich selbst den Weg zu einer sachgerechten Lösung des Problems der Übertragbarkeit von Gestaltungsrechten im Rahmen von Geschäftsbesorgungen, eines dem hier erörterten verwandten Problems, indem er die Frage der Übertragbarkeit von Gestaltungsrechten vorweg behandelt[27] und erst danach untersucht, ob Gestaltungsrechte Gegenstand des Herausgabeanspruchs aus § 667 sind[28]. Damit ist die Chance vertan, das Dogma der Unübertragbarkeit von Gestaltungsrechten unter dem Gesichtspunkt erneut zu überprüfen, daß Gestaltungsrechte Gegenstand gesetzlicher Herausgabeansprüche sein können. Waltermann hat die Frage, ob nicht die Auslegung des § 667 in seinem Sinne das Problem der Übertragbarkeit von Gestaltungsrechten in einem anderen Licht erscheinen läßt, überhaupt nicht gestellt. Dieses Versäumnis läßt seine Untersuchungen zumindest als unvollständig erscheinen.

2. Meines Erachtens hat Waltermann — wie auch die anderen Autoren — den Geltungsbereich des Dogmas von der Unübertragbarkeit der Gestaltungsrechte verkannt. Die bisherigen Untersuchungen zum Problem der Übertragung von Gestaltungsrechten betrafen nur die Übertragung von Gestaltungsrechten im Rahmen privatautonomer Vereinbarungen, die in der Tat sinnlos ist — um eine Formulierung Oertmanns zu gebrauchen[29]. Wenn der Wortlaut, in den das Dogma gekleidet wird — „Unselbständige Gestaltungsrechte sind nicht selbständig übertragbar" —, weiter reicht, als es der Gegenstand der Untersuchungen rechtfertigt, so deshalb, weil man die Möglichkeit, daß Gestaltungsrechte Gegenstand gesetzlicher Herausgabeansprüche sein können, nicht gesehen hat und diesen Fall daher nicht berücksichtigen konnte.

Zusammenfassend läßt sich der Geltungsbereich des Dogmas so umreißen: Unselbständige Gestaltungsrechte sind per definitionem auf ein Rechtsverhältnis bezogen. Die Bindung des Gestaltungsrechts an das zugrunde liegende Rechtsverhältnis ist derart, daß das Gestaltungs-

---
[27] *Waltermann* S. 19 f. (22 f.) — § 3 seiner Dissertation.
[28] *Waltermann* S. 36 f. — § 4 seiner Dissertation. Daraus erklärt sich auch, daß er eine „Lücke im Rechtssystem" entdeckt im Rahmen der Regelung des § 667, anstatt die Dogmatik des Gestaltungsrechts unter dem Gesichtspunkt des Interessengegensatzes zwischen dem Inhaber des Gestaltungsrechts und dem Gläubiger des Surrogationsanspruchs erneut zu überprüfen.
[29] *Oertmann* § 399, 1g (S. 442).

recht einen Sinn nur im Hinblick auf das Rechtsverhältnis erhält. Daher können unselbständige Gestaltungsrechte nicht nach freiem Belieben ihres Inhabers auf andere Personen übertragen werden. Soweit gilt das Dogma von der Nichtübertragbarkeit unselbständiger Gestaltungsrechte.

3. Hingegen ist die selbständige Übertragung unselbständiger Gestaltungsrechte nicht immer derart sinnlos, so vor allem dann nicht, wenn ein gesetzlicher Anspruch auf Herausgabe des rechtsgeschäftlichen Surrogats gegen den Inhaber des Gestaltungsrechts besteht, so daß dieser alles herausgeben muß, was er im Zusammenhang mit dem Veräußerungsgeschäft, auf das sich das Gestaltungsrecht bezieht, erlangt hat. Denn in diesem Fall wirkt sich letztlich die Ausübung des Gestaltungsrechts wirtschaftlich allein im Vermögen des Gläubigers aus. Dann hat auch die Übertragung des Gestaltungsrechts auf den Gläubiger, zu der der Surrogationsschuldner gemäß §§ 281 Abs. I, 816 Abs. I Satz 1 verpflichtet ist, sehr wohl einen Sinn und ist daher unter diesen Voraussetzungen zulässig.

Schlochoff, der in Übereinstimmung mit der ganz herrschenden Lehre die Auffassung vertritt, das Gestaltungsrecht könne nur zusammen mit den Rechten und den Verpflichtungen übertragen werden, mit denen es verknüpft sei[30], führt dazu erläuternd aus, es werde „nicht immer erforderlich sein, daß der neue Berechtigte rechtlich (durch Schuldübernahme) die Verpflichtungen seines Rechtsvorgängers übernimmt, sondern es wird schon ausreichen, wenn er tatsächlich die Passivstellung des Gestaltungsberechtigten erlangt", damit das Gestaltungsrecht übertragen werden kann[31]. Schlochoff sagt nicht, was er darunter versteht, daß jemand „tatsächlich die Passivstellung des Gestaltungsberechtigten erlangt". Aber seinen Ausführungen ist immerhin zu entnehmen, daß er eine isolierte Abtretung des Gestaltungsrechts nicht schlechthin ausschließt. Insofern stimmt die These Schlochoffs mit der hier vertretenen Auffassung überein, daß die selbständige Übertragung unselbständiger Gestaltungsrechte unter bestimmten Voraussetzungen zugelassen ist. Während Schlochoff diese Voraussetzungen dann als erfüllt ansieht, wenn der Übertragungsempfänger tatsächlich die Passivstellung des Gestaltungsberechtigten erlangt, muß meines Erachtens das Gestaltungsrecht Gegenstand eines Anspruchs des Übertragungsempfängers gegen den Gestaltungsberechtigten aus §§ 281 Abs. I, 816 Abs. I Satz 1[32] sein. Gegen Schlochoff ist einzuwenden, daß seine Formulierung „Erlangung der Passivstellung des Gestaltungs-

---

[30] *Schlochoff* S. 34.
[31] *Schlochoff* S. 35.
[32] In Betracht kommt auch ein Anspruch aus § 667; dazu eingehend die Dissertation von *Waltermann*.

§ 10 Die Form der Herausgabe der Gestaltungsrechte

berechtigten" nicht erkennen läßt, ob ein gesetzlicher Anspruch gegen den Gestaltungsberechtigten auf Herausgabe des rechtsgeschäftlichen Surrogats dessen Passivstellung auf den Anspruchsinhaber übergehen läßt. Es muß daher dahingestellt bleiben, inwieweit die Formulierung Schlochoffs die hier vorgetragene Auffassung zur Übertragbarkeit unselbständiger Gestaltungsrechte in Erfüllung gesetzlicher Surrogationsansprüche deckt.

Ganz allgemein läßt sich aber feststellen, daß die ratio des von der herrschenden Lehre behaupteten Dogmas von der Unübertragbarkeit unselbständiger Gestaltungsrechte nicht in Widerspruch zu meinem Lösungsvorschlag steht. Es ist nämlich nicht so, daß durch Übertragung des Gestaltungsrechts an den Gläubiger des Surrogationsanspruchs eine Person „ohne die entsprechenden Bindungen" in das Schuldverhältnis eingeführt würde[33]. Wegen der Verlagerung des Interesses an der Ausübung des Gestaltungsrechts infolge des Bestehens des Surrogationsanspruchs sind die „entsprechenden Bindungen" hinsichtlich des Gläubigers des Surrogationsanspruchs durchaus vorhanden. Aus denselben Gründen steht auch der Gläubiger in „Beziehung zu den Rechten und Verpflichtungen..., mit denen das Gestaltungsrecht verknüpft ist"[34].

III. 1. Die Form der Übertragung der Gestaltungsrechte ist in § 413 geregelt. § 413 ist hier anwendbar, gleichgültig, ob man — wie die herrschende Lehre — § 413 den Grundsatz der Übertragbarkeit anderer Rechte als schuldrechtlicher Forderungen entnimmt oder ob man sich auf den Standpunkt stellt, daß die Anwendbarkeit des § 413 die Übertragbarkeit des Rechts voraussetzt[35]. Jedenfalls bestimmt § 413, welche Vorschriften für übertragbare Rechte gelten[36].

Danach vollzieht sich die Übertragung von Gestaltungsrechten gemäß §§ 398 ff. durch Abtretung. Die Abtretung erfolgt durch Vertrag, d. h. durch übereinstimmende Willenserklärungen des Inhalts, daß der Zessionar Inhaber des Gestaltungsrechts an Stelle des Zedenten werden soll.

Auf Grund der Abtretung kann der Gläubiger des Surrogationsanspruchs als Zessionar gegenüber dem Drittschuldner als Gestaltungsgegner das Gestaltungsrecht ausüben. Er muß sich dabei als Surrogationsgläubiger und Zessionar ausweisen[37], da — nach hier vertretener

---
[33] Dies zu *Tils* S. 29; vgl. oben S. 54.
[34] Dies zu *Schlochoff* S. 33; vgl. oben S. 54.
[35] Vgl. oben S. 53 f.
[36] *Stoll* AcP 135, 236, Fußnote 1.
[37] Wenn Inhaber des Gestaltungsrechts nicht derjenige ist, in dessen Person sich der Tatbestand des Gestaltungsrechts verwirklicht hat, sondern ein Abtretungsempfänger, muß auf diese Weise dem berechtigten Interesse des Gestaltungsgegners an der Klarheit und Eindeutigkeit der Rechtslage Rech-

Ansicht — die Wirksamkeit der Abtretung eines Gestaltungsrechts die Existenz eines gesetzlichen Anspruchs des Zessionars gegen den Zedenten auf Herausgabe des Gestaltungsrechts[38] voraussetzt. So geschieht dem Gestaltungsgegner durch den Wechsel in der Person des Gestaltungsberechtigten kein Unrecht. Der Gestaltungsgegner ist durch die Möglichkeit der Umwandlung des Vertragsverhältnisses in ein Rückgewährschuldverhältnis belastet, gleichgültig, ob man die Abtretung des Gestaltungsrechts zuläßt oder nicht. Er hat keinen Anspruch darauf, daß sich der Gestaltungsberechtigte hinsichtlich der Ausübung seines Rechts in bestimmter Weise entscheidet, nicht einmal in dem Sinn, daß er verlangen kann, daß der Gestaltungsberechtigte nur sachgerechte Überlegungen im Hinblick auf die Ausübung des Gestaltungsrechts anstellt. Vielmehr kann der Inhaber des Gestaltungsrechts zum Beispiel den Zufall oder einen beliebigen Dritten darüber entscheiden lassen, ob das Gestaltungsrecht ausgeübt werden soll oder nicht[39]. Auch kann die Tatsache, daß der Zessionar das an ihn abgetretene Gestaltungsrecht ausübt, während der Zedent es vielleicht nicht ausgeübt hätte, die Abtretbarkeit des Gestaltungsrechts nicht ausschließen. Daß der Abtretungsempfänger das ihm abgetretene Recht in anderer Weise nutzt, ließe sich letztlich jeder Abtretung eines Rechts entgegenhalten, da von vornherein niemals die Gewähr besteht, daß der Abtretungsempfänger die Durchsetzung des Rechts nicht resoluter betreibt als der Abtretende[40].

2. Den Interessen des Gestaltungsgegners hat das Gesetz durch Zubilligung von Schadensersatzansprüchen (§ 122) und durch die Statuierung von Fristen für die Ausübung der Gestaltungsrechte (§§ 121, 124) Rechnung getragen. Diese gesetzlichen Schutzpositionen des Gestaltungsgegners dürfen durch den Wechsel in der Person des Gestaltungsberechtigten nicht verloren gehen.

---

nung getragen werden. Entsprechend § 410 wird man dem Gestaltungsgegner auch das Recht geben müssen, die Ausübung des Gestaltungsrechts durch den Zessionar zurückzuweisen mit der Folge der Unwirksamkeit des Gestaltungsakts, wenn nicht der Zessionar eine vom Zedenten ausgestellte Urkunde nicht nur über die Abtretung, sondern auch über das Bestehen eines Surrogationsanspruchsverhältnisses vorlegt.

[38] In Betracht kommen nur Surrogationsansprüche (§§ 281 Abs. I, 667, 816 Abs. I Satz 1). § 667 ist hier nicht in die Erörterung einbezogen, weil für ihn im Hinblick auf seinen Entstehungsgrund (Geschäftsbesorgungs*vertrag*) Besonderheiten gelten.

[39] Es gelten hier dieselben Erwägungen wie hinsichtlich der Frage, ob Gestaltungsrechte überhaupt Gegenstand von gesetzlichen Herausgabeansprüchen sein können. Nach hier vertretener Auffassung ist mit der Bejahung jener Frage auch diese positiv entschieden: Die Frage lautet nicht mehr, ob das Gestaltungsrecht übertragbar ist, sondern nur noch, in welcher Form, insbesondere ob durch Abtretung, Verfügungsermächtigung oder indirekt durch Gewährung eines Anspruchs auf Ausübung des Gestaltungsrechts, sich die Herausgabe des Gestaltungsrechts vollzieht.

[40] Vgl. RG Warn 1919 S. 210.

§ 10 Die Form der Herausgabe der Gestaltungsrechte 61

a) Das bedeutet einmal: Die Fristen der §§ 121, 124 gelten ohne Rücksicht auf die Abtretung. Hinsichtlich des Gebots der unverzüglichen Ausübung des Anfechtungsrechts gemäß § 121 Abs. I ergeben sich im Falle der Abtretung des Anfechtungsrechts einige Besonderheiten. Nach der Legaldefinition des § 121 bedeutet unverzüglich: ohne schuldhaftes Zögern. Die Qualifizierung eines menschlichen Verhaltens als schuldhaft besagt, daß jemandem ein persönlicher Vorwurf wegen eines Unwertverhaltens gemacht wird. Es sind somit jeweils die subjektiven Umstände und Verhältnisse maßgebend. Wenn nun § 121 fordert, daß die Anfechtung in den Fällen der §§ 119, 120 ohne schuldhaftes Zögern erfolgen muß, so ist hierfür auf die persönlichen Umstände und Verhältnisse dessen abzustellen, in dessen Person sich der Tatbestand des Anfechtungsrechts verwirklicht hat, also des Vertragspartners und nicht etwa des Abtretungsempfängers — dies aus Gründen des gerade in § 121 sanktionierten Interesses des Anfechtungsgegners an der Klarheit und Eindeutigkeit der Rechtslage. Andererseits ist aber die Tatsache der Übertragung des Anfechtungsrechts an den Gläubiger des Surrogationsanspruchs für die Verschuldensfeststellung nicht ganz ohne Bedeutung. So wird man es dem Zedenten nicht als schuldhaftes Zögern vorwerfen können, wenn er die Ausübung des Anfechtungsrechts zunächst unterläßt, um sich mit dem Zessionar über den Anspruch auf Herausgabe des rechtsgeschäftlichen Surrogates auseinanderzusetzen. Wenn in einem solchen Fall der Zessionar sofort nach Abtretung des Anfechtungsrechts dem Anfechtungsgegner gegenüber die Anfechtung erklärt, so kann die Anfechtung nicht im Sinne von § 121 verspätet sein.

b) Was den Schadensersatzanspruch des Anfechtungsgegners aus § 122 angeht, so hat Seckel gemeint, daß die Schadensersatzpflicht in der Person des das Anfechtungsrecht Ausübenden entstehe, die nicht notwendig mit der Person des Vertragspartners identisch ist[41]. Dem kann nicht zugestimmt werden. Es ist ein Grundsatz des deutschen bürgerlichen Rechts, daß dem Gläubiger gegen seinen Willen ein anderer Schuldner nicht aufgedrängt werden darf[42]. Der Schadensersatzanspruch des Anfechtungsgegners aus § 122 richtet sich daher auch im Falle der Abtretung des Anfechtungsrechts gegen den Vertragspartner, in dessen Person das Anfechtungsrecht entstanden ist. Im Innenverhältnis zwischen Zedent und Zessionar ist allerdings der Zessionar verpflichtet, den Zedenten von Schadensersatzansprüchen des Anfechtungsgegners freizustellen. Man wird sich das so vorzustellen haben,

---
[41] *Seckel* S. 224, Fußnote 4.
[42] *Oertmann* § 399, 1g. Wegen dieses Grundsatzes besteht z. B. das Erfordernis der Zustimmung des Gläubigers bei der befreienden Schuldübernahme gemäß §§ 414, 415.

daß der Zessionar durch die Abtretung des Anfechtungsrechts dieses erwirbt, aber belastet mit der gemäß § 122 den Zedenten treffenden Schadensersatzpflicht. Die Belastung ist jedoch aus den genannten Gründen nicht „dinglich" (der Zessionar wird nicht Schuldner des Anfechtungsgegners), sondern „schuldrechtlich" (nur dem Zedenten gegenüber ist der Zessionar zur Erfüllung des Schadensersatzanspruchs des Gestaltungsgegners verpflichtet).

Der Anspruch auf Herausgabe des rechtsgeschäftlichen Surrogates richtet sich auf das, was der Schuldner tatsächlich „durch" die oder „infolge" der anfechtbaren Verfügung erlangt hat, und das ist eben das mit der Schadensersatzpflicht des § 122 belastete Anfechtungsrecht. Mit der in Erfüllung dieses Anspruchs erfolgten Abtretung des Anfechtungsrechts entsteht ein Anspruch des Zedenten gegen den Zessionar auf Freistellung von Schadensersatzansprüchen des Gestaltungsgegners aus § 122.

Auch §§ 121, 122, 124 geben somit keinen Anlaß, von meiner Auffassung abzuweichen, daß der Gläubiger Abtretung etwaiger Gestaltungsrechte nach Maßgabe der §§ 413, 398 ff. verlangen kann, wenn sein Anspruch aus §§ 281 Abs. I, 816 Abs. I Satz 1 sich auf Herausgabe der Gestaltungsrechte richtet[43].

3. Im folgenden sollen noch andere Lösungsvorschläge zu diesem Problem der Übertragung von Gestaltungsrechten in Erfüllung gesetzlicher Herausgabeansprüche erörtert werden.

a) Man könnte zunächst daran denken, daß der Gläubiger sich den Anspruch des Gestaltungsberechtigten auf die Gegenleistung abtreten läßt und damit per se auch die Gestaltungsrechte übergehen. Das kann jedoch nur für solche Gestaltungsrechte gelten, die Bestandteil der Forderung auf die Gegenleistung sind, also die sog. Anhangsrechte[44], z. B. Fälligkeitskündigungsrechte. Die Rückgewährschuldverhältnisse auslösenden unselbständigen Gestaltungsrechte indessen sind nicht nur auf einzelne Forderungen bezogen, sondern an die Stellung als Vertragspartei gebunden[45].

Der Gläubiger kann nach §§ 281 Abs. I, 816 Abs. I Satz 1 aber nicht fordern, daß ihm im Wege der Vertragsübernahme die Stellung als Vertragspartei verschafft wird. Denn für eine Vertragsübernahme, ein

---

[43] Auch *Georgiades*, Eigentumsanwartschaft, S. 131 gibt dem Gläubiger das Recht, die Abtretung des Rücktrittsrechts zu verlangen, allerdings nur zusammen mit der Kaufpreisforderung. Daß letztere Einschränkung nicht gerechtfertigt ist, ergibt sich, wenn man den von *Georgiades* vorgestellten Fall dahingehend abwandelt, daß die Kaufpreisforderung bereits durch Erfüllung erloschen ist.
[44] Vgl. dazu *Waltermann* S. 17, 27 f.
[45] *Larenz* I S. 410; *Stoll* JuS 1967, 18, Fußnote 42.

## § 10 Die Form der Herausgabe der Gestaltungsrechte

Rechtsinstitut, das praeter legem von Rechtsprechung[46] und Rechtslehre[47] entwickelt worden ist, ist eine entsprechende Vereinbarung zwischen dem Vertragspartner, der ausscheidenden und der eintretenden Vertragspartei erforderlich. Da sich der Surrogationsanspruch nur gegen den Gestaltungsberechtigten als ausscheidender Vertragspartei richtet und nicht auch gegen den Gestaltungsgegner als deren Vertragspartner, kann der Gläubiger auf diese Weise nicht Inhaber des Gestaltungsrechts werden.

b) Diejenigen Autoren, die das Dogma von der Unübertragbarkeit unselbständiger Gestaltungsrechte unangetastet lassen wollen, haben versucht, andere Möglichkeiten aufzuzeigen, wie ihrer Meinung nach der Anspruch des Gläubigers auf Herausgabe des Gestaltungsrechts in gleichwertiger Weise wie durch Übertragung des Gestaltungsrechts erfüllt werden kann.

Weimar hat sich zum Problem der Kondizierbarkeit des Anfechtungsrechts aus § 123 wegen arglistiger Täuschung nach § 816 Abs. I Satz 1 geäußert[48]. Er meint, der Anspruch aus § 816 Abs. I Satz 1 sei auf die Ermächtigung zur Ausübung des Anfechtungsrechts gerichtet. Als Rechtsgrundlage dieser Ermächtigung bezeichnet er § 185. Diesen Lösungsvorschlag hat neuerdings Waltermann aufgegriffen[49]: Da eine Abtretung des Anfechtungsrechts nicht möglich sei, könne der Gläubiger gemäß § 816 Abs. I Satz 1 verlangen, daß der Gestaltungsberechtigte ihm das Anfechtungsrecht zur Ausübung übertrage.

Die von Weimar und Waltermann angebotene Lösung des Problems wird meines Erachtens den Interessen der beteiligten Personen nicht gerecht.

Es sollen hier die Gründe außer Betracht bleiben, die dagegen sprechen, § 185 als Rechtsgrundlage einer Ermächtigung zur Ausübung von Gestaltungsrechten anzusehen, wie zum Beispiel, daß § 185 den Begriff der Verfügung im Sinne eines einseitigen Zuwendungsgeschäfts verwendet[50]. Immerhin erscheint es möglich, als Verfügung, die ein Nichtberechtigter über einen Gegenstand trifft, auch die Ausübung eines Gestaltungsrechts, durch die das zugrunde liegende Rechtsverhältnis „vernichtet" oder umgestaltet wird, anzusehen, wenn man — wie die ganz herrschende Lehre — als Verfügung ein Rechtsgeschäft begreift, durch das der Verfügende unmittelbar auf ein bestehendes Recht ein-

---
[46] RG 119, 118; 130, 118; BGH MDR 1958, 90; NJW 1961, 454.
[47] Enneccerus - Lehmann S. 350; Blomeyer S. 290; Piper S. 184 f.; RGRK — Löscher § 398, 6.
[48] Weimar JR 1934, 221 f.; ihn zustimmend zitierend Lautz S. 31, Fußnote 145; Soergel - Mühl § 816, 15.
[49] Waltermann S. 82, ohne sich allerdings ausdrücklich auf Weimar zu berufen.
[50] Sohm S. 30.

wirkt[51]. Aber es ist doch schwer vorstellbar, wie jemand auf Grund einer Verfügungsermächtigung ein Gestaltungsrecht in eigenem Namen ausübt, muß er doch bei der Ausübung des Gestaltungsrechts die Person des Ermächtigenden als des Vertragspartners benennen, um das zu gestaltende Vertragsverhältnis zu identifizieren[52].

Von diesen Bedenken abgesehen ist die Konstruktion einer Ermächtigung zur Ausübung von Gestaltungsrechten nicht folgerichtig und zur Lösung des hier behandelten Problems ungeeignet, weil sie den Interessen der Parteien nicht gerecht wird. Waltermann hat richtig erkannt, daß die gleichen Gründe, die nach ganz herrschender Auffassung, der er insoweit zustimmt, die Unübertragbarkeit der unselbständigen Gestaltungsrechte bedingen, auch ihre Übertragbarkeit zur Ausübung der Ermächtigung gemäß § 185 ausschließen können[53]. Unzutreffend sind aber seine Argumente, die dartun sollen, daß trotz Unzulässigkeit der Abtretung die Übertragung zur Ausübung von Gestaltungsrechten zulässig sein soll. Waltermann verkennt überhaupt den Sinn des Dogmas von der Unübertragbarkeit der unselbständigen Gestaltungsrechte, wenn er auf die Korrekturfunktion der Gestaltungsrechte hinweist und dazu ausführt: „Die Korrekturfunktion bedingt nur, daß der am Rechtsverhältnis Beteiligte nicht von der Ausübung der Gestaltungsrechte ausgeschlossen werden kann[54]." Das aber ist nicht die ratio der Unübertragbarkeit der unselbständigen Gestaltungsrechte. Remé, der den Begriff der Korrekturfunktion der Gestaltungsrechte in die Diskussion eingeführt hat, hat denn auch seine Bedeutung für die Übertragung von Gestaltungsrechten anders gesehen. Er hat gesagt, die Gestaltungsrechte seien dann unübertragbar, wenn sie bei dem neuen Rechtsinhaber ihre Korrekturbedeutung verlieren würden[55]. Diese Aussage deckt sich im wesentlichen mit der überzeugenden Begründung Oertmanns[56] und Seckels[57] für die Nichtübertragbarkeit von Gestaltungsrechten: Es sei sinnlos, wenn ein Dritter über die Geltung eines zwischen anderen Personen bestehenden Rechtsverhältnisses entscheiden könne. Jedenfalls steht nicht der Ausschluß oder Nichtausschluß des Vertragspartners von der Ausübung des Gestaltungsrechts im Widerspruch zu der Funktion der Gestaltungsrechte, sondern die Befugnis eines Dritten, nicht am Rechtsverhältnis Beteiligten, über

---

[51] RG 90, 395 (399); BGH 1, 294 (304); RGRK — Kuhn § 185, 1; *Reinicke* NJW 1964, 2374; *v. Tuhr* AcP 117, 193; *Hirsch - Pleyer* S. 45.
[52] *v. Tuhr* II, 1 S. 243 f. meint, die Ausübung eines Gestaltungsrechts im eigenen Namen sei wohl nur in dem Sinne denkbar, daß der Ausübende selbst als Vertragspartner auftritt.
[53] *Waltermann* S. 72.
[54] *Waltermann* S. 76.
[55] *Remé* S. 60 f.
[56] *Oertmann* § 399, 1g (S. 442).
[57] *Seckel* S. 222.

§ 10 Die Form der Herausgabe der Gestaltungsrechte          65

dessen Bestand zu entscheiden. Und insofern besteht kein Unterschied zwischen Abtretung und Übertragung zur Ausübung gemäß § 185. Daher ist es nicht folgerichtig, die Ausübungsermächtigung für Gestaltungsrechte zuzulassen, wenn man ihre Abtretung für unzulässig hält. Wenn man aber — im Einklang mit der hier vertretenen Auffassung — die Abtretung unter bestimmten Voraussetzungen für zulässig hält, besteht für eine Ermächtigung zur Ausübung von Gestaltungsrechten als Form der Herausgabe von Gestaltungsrechten kein Bedürfnis.

Im übrigen führt auch die Erfüllung des Herausgabeanspruchs durch Erteilung einer Ermächtigung zur Ausübung des Gestaltungsrechts nicht in allen Fällen zu einer befriedigenden Regelung des Interessenkonflikts zwischen dem Inhaber des Gestaltungsrechts und dem Gläubiger des Surrogationsanspruchs. Der Anspruch des Gläubigers aus §§ 281 Abs. I, 816 Abs. I Satz 1 ist gerichtet auf Herausgabe des Gestaltungsrechts. Als Herausgabe im Wortsinn läßt sich aber nur die Übertragung durch Abtretung und nicht auch die Verfügungsermächtigung bezeichnen. Die Verfügungsermächtigung stellt — wie die Vertretungsmacht gemäß §§ 164 ff. — eine besondere Art der Befugnis zum Handeln für andere dar. Sie läßt sich nicht als Herausgabe einordnen, weil durch sie nur eine Befugnis auf Seiten des Ermächtigten entsteht, der Ermächtigende diese Befugnis aber nicht zugleich verliert, was begriffsnotwendig zu einer Herausgabe gehört. Das unabweisbare Interesse des Gläubigers des Herausgabeanspruchs verlangt aber nicht nur, daß er die Befugnis zur Ausübung erlangt, sondern auch, daß dem Schuldner diese Befugnis entzogen wird. Das sei an folgendem Beispielsfall demonstriert:

*B ist Inhaber einer umfangreichen Gemäldesammlung, die teils aus eigenen Bildern, teils aus Leihgaben anderer Sammler besteht. B veräußert ein Gemälde als von Manet stammend zu einem hohen Preis an C, wobei er sich irrtümlich selbst für den Eigentümer hält, während es sich bei dem Bild tatsächlich um eine Leihgabe des A handelt. Es stellt sich heraus, daß das veräußerte Bild nicht von Manet, sondern von Monet stammt. B will den Kaufvertrag mit C anfechten, weil er den Monet für seine Galerie behalten will. A hingegen hält den Verkauf für sehr günstig. Er will die Rückgängigmachung der Veräußerung verhindern und den von C gezahlten Kaufpreis erlangen.*

Hier zeigt sich das Problem der Gestaltungsrechte als Gegenstand von Surrogationsansprüchen einmal von einer anderen Seite. Ziel der Geltendmachung des Anspruchs kann nicht nur die Ausübung des Gestaltungsrechts sein, sondern auch die Verhinderung der Ausübung

## § 10 Die Form der Herausgabe der Gestaltungsrechte

durch den gestaltungsberechtigten Schuldner. Nun erweist sich die Unzulänglichkeit der Verfügungsermächtigung als Form der Erfüllung eines Anspruchs auf Herausgabe eines Gestaltungsrechts. Wenn nämlich A von B Herausgabe des Anfechtungsrechts nur in der Form der Verfügungsermächtigung verlangen könnte, bliebe es dem B trotz Erfüllung der Herausgabepflicht unbenommen, noch seinerseits das Anfechtungsrecht auszuüben, eine Möglichkeit, die nicht besteht, wenn B dem Herausgabeverlangen des A durch Abtretung des Anfechtungsrechts nachkommen muß.

Berechtigte Interessen des Gläubigers fordern, daß Folge der Herausgabe des Gestaltungsrechts die Entziehung der Einwirkungsmöglichkeit des Verfügenden auf den Bestand des Rechtsverhältnisses ist. Was Waltermann als Vorteil der Verfügungsermächtigung gegenüber der Abtretung bezeichnet, daß der Ermächtigende das Recht nach wie vor selbst geltend machen kann[58], ist daher in diesem Zusammenhang ein Nachteil und macht das Institut der Verfügungsermächtigung als Form der Übertragung eines Gestaltungsrechts zur Erfüllung eines gesetzlichen Anspruchs auf Herausgabe des Gestaltungsrechts ungeeignet[59].

c) Derselbe Einwand läßt sich auch gegen den Lösungsvorschlag erheben, den v. Tuhr[60], Seckel[61] und Stoll[62] unabhängig voneinander zu diesem Problem gemacht haben. v. Tuhr meint, der Gläubiger könne vom Nichtberechtigten, der die fremde Sache anfechtbar veräußert habe, nach Analogie von § 281 verlangen, daß dieser sein Anfechtungsrecht ausübe[63]. Dieselbe Auffassung bringt Seckel zum Ausdruck, wenn er schreibt: „Wohl aber ist der Verkäufer, der die ihm abgepreßte Sache verkauft hat, zum Gebrauch seines Anfechtungsrechts verpflichtet[64]." Ähnlich und nur wenig ausführlicher äußert sich Stoll. Seiner Ansicht nach wird man den Kläger nach dem Surrogationsprinzip des § 816 Abs. I Satz 1 auch für berechtigt anzusehen haben, vom Nichtberechtigten zu verlangen, daß er ein ihm bei Verzug seines Vertragspartners zustehendes Rücktrittsrecht diesem gegenüber geltend macht. Es bestehe daher kein Bedürfnis für eine Abtretung oder Ermächtigung zur Ausübung. Der Kläger könne auf Abgabe der Rücktrittserklärung klagen. Mit Rechtskraft des Urteils gelte die Erklärung als abgegeben.

---

[58] *Waltermann* S. 73.
[59] Ebenso ungeeignet als Herausgabeform ist die Erteilung einer unwiderruflichen Vollmacht (§§ 166, 164) zur Ausübung des Gestaltungsrechts — aus denselben Gründen.
[60] *v. Tuhr* II, 1 S. 312, Fußnote 95.
[61] *Seckel* S. 237.
[62] *Stoll* JuS 1967, 18, Fußnote 42.
[63] *v. Tuhr* II, 1 S. 312, Fußnote 95.
[64] *Seckel* S. 237.

Die Vorschrift des § 894 ZPO gelte auch, wo die Erklärung einem Dritten gegenüber abzugeben sei[65].

Eine Verpflichtung zur Ausübung kommt wegen des besonderen Charakters der Gestaltungsrechte in ihren Auswirkungen der Herausgabeverpflichtung zwar nahe[66], es bestehen aber gewichtige Unterschiede, die eine Gleichsetzung verbieten. Zunächst ist durch die Auferlegung einer Ausübungsverpflichtung dem Gestaltungsberechtigten nicht die Möglichkeit einer Einwirkung auf das Vertragsverhältnis entzogen, wie das im Interesse des Herausgabeberechtigten erforderlich ist. Insoweit gilt dasselbe, was gegen die Verfügungsermächtigung vorgebracht worden ist.

Doch nicht nur wegen berechtigter Interessen des Gläubigers, auch aus dem Gesichtspunkt des Schuldnerinteresses erscheint die Auferlegung einer Verpflichtung zur Ausübung des Gestaltungsrechts unbillig. Dadurch würde nämlich der Pflichtenkreis des Schuldners gegenüber dem Gläubiger über die gesetzliche Herausgabeverpflichtung hinaus erweitert[67]. Mit der Ausübung des Gestaltungsrechts können Schwierigkeiten und persönliche Unannehmlichkeiten verbunden sein, die auf sich zu nehmen der Schuldner nach §§ 281 Abs. I, 816 Abs. I Satz 1 nicht verpflichtet ist. Die Umdeutung des Anspruchs auf Herausgabe des Gestaltungsrechts in einen Anspruch auf Ausübung des Gestaltungsrechts ist daher noch weniger als die Gewährung eines Anspruchs auf Erteilung einer Ausübungsermächtigung geeignet, den Interessenkonflikt befriedigend zu lösen, der entsteht, wenn Gegenstand des Anspruchs auf Herausgabe des rechtsgeschäftlichen Surrogates ein Gestaltungsrecht ist.

Die einzig geeignete Form, in der der Anspruch auf Herausgabe des Gestaltungsrechts aus §§ 281 Abs. I, 816 Abs. I Satz 1[68] erfüllt werden kann, ist somit die Übertragung durch Abtretung gemäß §§ 413, 398 f.

### § 11 Das Erfordernis einer Übertragung der Gestaltungsrechte

Abschließend soll noch angedeutet werden, in welcher Richtung die hier vorgeschlagene Lösung des Problems der Gestaltungsrechte als Gegenstand von Surrogationsansprüchen weiterentwickelt werden kann.

---

[65] *Stoll* JuS 1967, 18, Fußnote 42.
[66] *Waltermann* S. 52.
[67] Ebenso *Waltermann* S. 55 zu dem entsprechenden Problem im Rahmen der Regelung des § 667.
[68] Das gleiche gilt für den Anspruch aus § 667. A. A. *Waltermann*, der den Anspruch auf Erteilung einer Ausübungsermächtigung gerichtet sein läßt

Daß auf das Veräußerungsgeschäft bezogene Gestaltungsrechte als Surrogat im Sinne der §§ 281 Abs. I, 816 Abs. I Satz 1 anerkannt und demgemäß Ansprüche auf Übertragung der Gestaltungsrechte gewährt werden, ist — wie ich zu begründen versucht habe — dadurch gerechtfertigt, daß die Interessen, denen das Gesetz durch Begründung von Gestaltungsrechten Rechnung trägt, wegen des Surrogationsanspruchsverhältnisses nicht mehr solche des nach der gesetzlichen Regelung Gestaltungsberechtigten sind, sondern daß nunmehr der Gläubiger des Anspruchs auf Herausgabe des rechtsgeschäftlichen Surrogates wirtschaftlich an der Ausübung oder Nichtausübung der Gestaltungsrechte interessiert ist, weil die Folgen im Ergebnis ausschließlich ihn betreffen. Die hier dargestellte Rechtsidee lautet: Zur Ausübung des Gestaltungsrechts soll berechtigt sein, wer nach der gesetzlichen Wertung am Bestehen oder Nichtbestehen des Vertrags ausschließlich interessiert ist.

I. Folgerichtig wird dieser Grundsatz auch an anderer Stelle durchgeführt, zum Beispiel im Rahmen der Regelung des § 179. Ist das Rechtsgeschäft eines falsus procurator mit einem ein Gestaltungsrecht begründenden Mangel behaftet, so kann er dieses Gestaltungsrecht ausüben, obwohl er nicht Vertragspartei ist, nach dem Gesetz ihm das Gestaltungsrecht daher nicht zusteht[1].

Im Rahmen des § 179 ist eine Abtretung des Gestaltungsrechts nicht erforderlich, der falsus procurator ist ohne weiteres zur Ausübung des Gestaltungsrechts berechtigt. Es fragt sich, ob darin nicht ein Modell für eine entsprechende Behandlung des Problems der Gestaltungsrechte als Gegenstand von Surrogationsansprüchen gesehen werden kann, mit der Folge, daß auf Grund der Existenz eines Anspruchsverhältnisses aus §§ 281 Abs. I, 816 Abs. I Satz 1 an Stelle des Schuldners des Anspruchs, der nach dem Gesetz Inhaber des Gestaltungsrechts ist, der Gläubiger ohne vorherige Übertragung des Gestaltungsrechts allein zur Ausübung berechtigt ist.

Man kann diesen Gedanken nicht sofort wieder verwerfen, indem man auf die vielen Unterschiede in beiden Fallgestaltungen hinweist, die nichts Gemeinsames haben, außer daß beide Anwendungsfälle des

---

und dem Geschäftsführer das Recht einräumt, das Gestaltungsrecht selbst auszuüben und auf diese Weise seine Herausgabeverpflichtung zu erfüllen (S. 80 f.).

[1] *v. Tuhr* II, 2 S. 449, Fußnote 94; *Flume* S. 803; beschränkt auf sachliche Einwendungen, z. B. den Einwand aus Sachmängelhaftung, *Staudinger - Coing* § 179, 14, der dem falsus procurator das Anfechtungsrecht wegen Willensmangel ausdrücklich versagt (ders. § 179, 12); ebenfalls nur für die Rechte aus Sachmängelhaftung *Soergel - Schultze - v. Lasaulx* § 179 und OLG Hamburg SeuffA 62, Nr. 201, die sich zu den Anfechtungsrechten nicht äußern; RGRK — *Krüger - Nieland* § 179, 4 nur betreffend die Rechtsbehelfe der §§ 320 ff.

§ 11 Das Erfordernis einer Übertragung der Gestaltungsrechte 69

oben formulierten Grundsatzes sind. Das hieße nämlich, das Problem übersehen, das darin besteht, ob man die „nur" anspruchsgewährenden Rechtsnormen so auslegen darf, daß bei Vorliegen der Voraussetzungen der §§ 816, 281 der Gläubiger des Anspruchs zur Ausübung des Gestaltungsrechts berechtigt sein soll, ohne daß es einer Abtretung des Gestaltungsrechts bedarf. Es geht hier also um die Zulässigkeit der Fiktion einer bereits erfolgten Befriedigung des Anspruchs: Unter Hinweis auf die anspruchsgewährende Vorschrift wird eine Rechtslage fingiert, die an sich erst nach Erfüllung des Anspruchs bestehen würde[2].

II. So verblüffend, ja abwegig dieser Gedanke auf den ersten Blick erscheint, er ist gar nicht so originell. Zumindest die Thesen von Flume zur Eigentumsübertragung durch Insichgeschäft bei dem Eigentumserwerb durch mittelbaren Stellvertreter lassen sich dieser Idee zuordnen. Flume hat seiner Auffassung wie folgt Ausdruck gegeben: „Wenn die Weiterübertragung des Eigentums von dem mittelbaren Vertreter auf den Vertretenen dem Sinn der mittelbaren Stellvertretung mit Selbstverständlichkeit entspricht, wäre es nicht sachgerecht, die Weiterübertragung nur gelten zu lassen, wenn sie besonders dokumentiert wäre. Im Gegenteil bedarf es in diesem Fall besonderer ‚Dokumentation', wenn die Weiterübertragung durch Insichgeschäft nicht stattfinden soll; sonst sollte der mittelbare Stellvertreter mit seiner Behauptung, daß das Insichgeschäft nicht erfolgt sei, gar nicht gehört werden[3]." Diese Ausführungen Flumes überzeugen[4]. Es fragt sich, ob seine Konstruktion — der Schuldner wird mit seinem Einwand, er habe entgegen seiner Verpflichtung nicht erfüllt — nicht auch außerhalb der Rechtsfigur der mittelbaren Stellvertretung Anwendung finden kann.

Da die Annahme einer Vollmachtserteilung bei Eigentumserwerb durch mittelbare Stellvertretung häufig auf einer Fiktion beruht[5], ist meines Erachtens die Einordnung als Vertretungsproblematik nicht von entscheidender Bedeutung für die Flumesche Konstruktion. Flume will das Eigentum durch Insichgeschäft immer dann übergehen lassen, wenn „es die selbstverständliche Folge vorhergehender Rechtsgeschäfte ist"[6]. Für Flume ist also das vorhergehende Rechtsgeschäft maßgeblich. De lege lata läßt sich der Gedanke Flumes für Ansprüche auf Übertragung von Gestaltungsrechten nur verwerten, wenn die Übertragung

---
[2] Gesetzlicher Modellfall einer solchen Fiktion ist die Regelung des § 392 Abs. 2 HGB.
[3] *Flume* S. 810.
[4] Dennoch hat diese Lehre *Flumes* bisher kaum Anhänger gefunden. Die Literatur verlangt insbesondere, daß der Übereignungswille äußerlich in Erscheinung tritt und das Insichgeschäft so sichtbar gemacht wird: *Baur* S. 430 f.; *Westermann* S. 203; *Soergel - Mühl* § 930, 17.
[5] *Flume* S. 810 unter Hinweis auf RG 63, 16 ff.
[6] *Flume* S. 810.

der Gestaltungsrechte ebenso „selbstverständliche Folge vorhergehender Rechtsgeschäfte" ist, also nur bei rechtsgeschäftlichen Ansprüchen auf Herausgabe des rechtsgeschäftlichen Surrogates. Es reicht nicht aus, daß Grundlage des Surrogationsanspruchs ein Rechtsgeschäft ist. Demgemäß gewähren §§ 281, 816 gesetzliche Surrogationsansprüche. Der Anspruch aus § 281 Abs. I ist selbst dann kein vertraglicher Surrogationsanspruch, wenn das zugrunde liegende Schuldverhältnis durch Vertrag zustande gekommen ist. Von vertraglichen Surrogationsansprüchen kann nur dann die Rede sein, wenn die Willenserklärungen der Vertragsparteien gerade auf die Entstehung des Surrogationsanspruchs abzielen.

Nach geltendem Recht ist somit im Rahmen gesetzlicher Surrogationsanspruchsverhältnisss die Abtretung von Gestaltungsrechten erforderlich.

III. Hingegen gewinnt die Lehre Flumes Bedeutung für die Übertragung von Gestaltungsrechten im Rahmen von Geschäftsbesorgungen. Da auch Gestaltungsrechte der Herausgabepflicht des Geschäftsführers gemäß § 667 unterliegen[7], ist die Übertragung der Gestaltungsrechte „selbstverständliche Folge" des Geschäftsbesorgungsvertrages; die Gestaltungsrechte gehen nach der zutreffenden Lehre Flumes also ipso iure auf den Geschäftsherrn über[8].

## § 12 Die Durchsetzung des Anspruchs auf Abtretung der Gestaltungsrechte im Prozeß

Wenn auch der Gläubiger eines gesetzlichen Surrogationsanspruchs das Gestaltungsrecht erst auf Grund der Abtretung durch den Schuldner ausüben kann, so wird man ihm doch die Möglichkeit geben müssen, seine Klage auf Abtretung des Gestaltungsrechts mit einer Klage auf Abtretung des mittels Ausübung des Gestaltungsrechts auszulösenden Rückgewähranspruchs zu verbinden[1]. Zwar sieht die Zivilprozeßordnung in diesem Fall eine Klage auf künftige Leistung nicht vor. Das jedoch nur deshalb nicht, weil die Gesetzesverfasser diesen Fall überhaupt nicht bedacht haben. Gesichtspunkte der Prozeßökonomie

---

[7] *Waltermann* S. 36 mit der unzulänglichen und nur zum Teil zutreffenden Begründung, Gestaltungsrechte seien Vermögensrechte; vgl. dazu im einzelnen oben S. 38, Fußnote 15.

[8] *Waltermann* hat den Gedanken Flumes nicht berücksichtigt.

[1] Ebenso *Waltermann* S. 81, der allerdings zu Unrecht annimmt, die Zulässigkeit der einheitlichen Klage ergebe sich schon aus § 260 ZPO. Er übersieht, daß es sich bei der Klage auf Abtretung des künftigen Rückgewähranspruchs um eine Klage auf künftige Leistung handelt, die von der ZPO nur in eng begrenzten Ausnahmefällen zugelassen ist.

## § 12 Die Durchsetzung des Anspruchs auf Abtretung

und des Schutzes berechtigter Gläubigerinteressen rechtfertigen die einheitliche Klage auf Abtretung des Gestaltungsrechts und des durch dessen Ausübung auszulösenden Rückgewähranspruchs. Es ist dem Gläubiger unzumutbar und würde auch eine ganz unnötige Belastung der Gerichte darstellen, wollte man verlangen, daß der Gläubiger zunächst ein rechtskräftiges Urteil auf Abtretung des Gestaltungsrechts erstreitet, sodann das Gestaltungsrecht ausübt und nun erneut Klage gegen den Schuldner erhebt auf Abtretung des Anspruchs auf Rückgewähr des Verfügungsgegenstandes, die ja auf dieselben Rechtsnormen (§§ 281, 816) gestützt wird wie die Klage auf Übertragung des Gestaltungsrechts.

Auf Grund des rechtskräftigen Urteils, in dem die Verpflichtung des Schuldners zur Abtretung des Gestaltungsrechts und des künftigen Rückgewähranspruchs ausgesprochen ist, kann der Gläubiger das Gestaltungsrecht ausüben und vom Dritten Rückgewähr des Verfügungsgegenstandes verlangen.

*Zweiter Teil*

## Die Regelung des den Surrogationsansprüchen zugrunde liegenden Interessenkonfliktes im Recht der ungerechtfertigten Bereicherung

### § 13 Das Problem der Ergänzung der Interessenschutzposition des Gläubigers der §§ 281 Absatz I, 816 Absatz I Satz 1 durch Wertersatzansprüche

Die Erörterung der Problematik von Gegenstand und Umfang der Ansprüche auf Herausgabe des rechtsgeschäftlichen Surrogates hat ergeben, daß §§ 281 Abs. I, 816 Abs. I Satz 1 nicht in allen Fällen eine befriedigende Regelung der ihnen zugrunde liegenden Interessenkonflikte darstellen. So kann sich die Regelung der §§ 281, 816 als unglücklich erweisen, wenn das vom Schuldner Erlangte, also die Gegenleistung des Verfügungsempfängers, nicht in einer bestimmten Summe Geldes, sondern in irgendeinem anderen, für den Gläubiger vielleicht schwer verwertbaren Gegenstand besteht[1]. §§ 281 Abs. I, 816 Abs. I Satz 1 erlegen dem Schuldner die Verpflichtung zur Herausgabe des durch die Verfügung Erlangten in natura auf[2]. Das bedeutet: Wenn der Schuldner den Verfügungsgegenstand, zum Beispiel ein Pferd,

---

[1] *Freund* S. 56; *Stieve* S. 54 f. meint, wenn der Verfügende, der durch eine wirksame, aber unberechtigte Verfügung einen konkreten Gegenstand eingetauscht hat, diesen letzteren an den Kondiktionsgläubiger herausgeben müsse, so sei beiden nicht gedient. Der Verfügende verliere einen Gegenstand, den er gerade für sein Vermögen haben wolle; der Kondiktionsgläubiger erhalte einen Gegenstand, den er in aller Regel nicht gebrauchen könne. Wertersatz sei für beide Teile das Beste. Diesen Erwägungen schließt sich *H. A. Fischer* S. 27 an und lehnt infolgedessen die Naturalrestitution für § 816 Abs. I Satz 1 ab.

[2] Das jedenfalls ist der Standpunkt der heute ganz herrschenden Lehre. Gegen Naturalrestitution im Bereich des § 816 Abs. I Satz 1 hat sich außer *H. A. Fischer* und den im folgenden Genannten noch *v. Mayr* S. 597 f. gewandt mit der Begründung, in der Verfügung des Nichtberechtigten selbst, die eine Konsumption des fremden Rechts bedeute, liege die Bereicherung des Verfügenden, und weil die Herausgabe des auf Kosten des Klägers „Erlangten", nämlich der Verfügungsmacht selbst, wegen der Beschaffenheit des Erlangten nicht möglich sei, müsse Wertersatz stattfinden.

## § 13 Ergänzung der Interessenschutzposition des Gläubigers

gegen ein Gemälde tauscht[3], ist das Gemälde herauszugeben. Oder wenn sich der Schuldner für einen wertvollen Brillantring von einem berühmten Chirurgen eine Blinddarmoperation versprechen läßt[4], richtet sich der Surrogationsanspruch auf die Abtretung des Anspruchs auf Durchführung der Blinddarmoperation.

Gerade diese und ähnliche Fallgestaltungen sind es gewesen, die Kisch[5] dazu veranlaßt haben, dem § 281 Abs. I den Charakter eines Anspruchs auf Herausgabe des rechtsgeschäftlichen Surrogates abzusprechen, deretwegen Becker[6] und Freund[7] die §§ 281 Abs. I, 816 Abs. I Satz 1 als Wertersatzansprüche ausgestalten wollten und die Römer[8] mit dem Erfordernis der Gleichartigkeit bzw. Vertretungsfähigkeit des Surrogates dem Anwendungsbereich des § 281 Abs. I entziehen wollte.

Die Unrichtigkeit der Lehren von Kisch und Römer beruht auf der Verkennung der gesetzlichen Interessenwertung. Die Auslegung der §§ 281, 816 gemäß Kisch und Römer begünstigt ausschließlich den Verfügenden und benachteiligt den Gläubiger, dessen Anspruch ersatzlos entfällt. Da es aber Interessen des Gläubigers (und nicht solche des Schuldners) sind, die eine Verpflichtung zur Herausgabe des Erlöses in jenen Fällen, daß das Surrogat nicht in Geld, sondern zum Beispiel in einem Gemälde oder einem Anspruch auf ärztliche Heilbehandlung besteht, unangemessen erscheinen lassen, geht es nicht an, unter Hinweis auf diese Interessen des Gläubigers diesem den Anspruch ganz zu entziehen. Um es noch einmal zu betonen: Der Grund dafür, daß die Regelung der §§ 281, 816 nicht befriedigt, ist, daß der Gläubiger das nicht in Geld bestehende Surrogat möglicherweise nicht verwerten kann und der Erlös in seiner konkreten Form für ihn daher ohne Nutzen ist. Noch unbefriedigender ist aber die Interpretation des Surrogationsanspruchs im Sinne der Lehre von Kisch und Römer, wonach der Gläubiger in diesen Fällen überhaupt keinen Anspruch gegen den Schuldner hat.

Auch der Vorschlag Beckers, §§ 281, 816 als Wertersatzansprüche anzusehen, steht im Widerspruch zu den Intentionen des Gesetzes; dasselbe gilt für die Lehre Freunds zu § 816. §§ 281, 816 gewähren Surrogationsansprüche; ihre Ersetzung durch Wertersatzansprüche gereicht durchaus nicht immer dem Gläubiger zum Vorteil, zum Beispiel dann nicht, wenn der Wert des Surrogates höher ist als der des

---

[3] So der berühmte Fall von *Kisch* S. 199, Fußnote 3.
[4] Ein Fall von *Becker* S. 33 f., 65 f.
[5] a.a.O. S. 198 f.
[6] a.a.O. S. 38, 75.
[7] Er meint, § 818 betreffe nur das *vom Gläubiger* Erlangte und hält es daher für möglich und richtiger, den Schuldner des § 816 Abs. I Satz 1 zur Ersetzung des Wertes des Verfügungsgegenstandes zu verpflichten.
[8] a.a.O. S. 298.

Verfügungsgegenstandes. So kann, um bei dem oben angeführten Beispiel von Kisch zu bleiben, der Gläubiger großes Interesse daran haben, das Gemälde, das der Schuldner gegen das Pferd eingetauscht hat, zu erwerben, wenn es wertvoller ist als das Pferd oder der Gläubiger zum Beispiel als Sammler dieses Bild besonders schätzt. Es ist also nicht so, daß ein Wertersatzanspruch immer vorteilhafter ist als ein Surrogationsanspruch. Damit sind die Lehren widerlegt, die unter Hinweis auf Gläubigerinteressen in §§ 281 Abs. I, 816 Abs. I Satz 1 Wertersatzansprüche sehen wollen[9].

Jakobs[10] hat das Problem beiseite geschoben mit der Begründung, daß die Seltenheit solcher Fälle evident sei und man sich daher über sie, die insbesondere auch im Falle eines Tausches auftreten können, nicht den Kopf zu zerbrechen brauche. Für ihn steht außer Zweifel, daß der Gläubiger nicht auf das Surrogat in seiner konkreten Form verwiesen werden kann. Er meint, daß sich Gläubiger und Schuldner entweder auf Wertersatz einigen oder es lasse sich mit § 818 Abs. II helfen. Gegen Jakobs bin ich der Meinung, daß es sich doch lohnt, sich über solche Fälle den Kopf zu zerbrechen. Kein Problem ist zu unbedeutend, als daß es nicht den Juristen zu einer widerspruchsfreien Lösung herausfordert. Auch unterschätzt Jakobs die praktische Bedeutung dieser Fragen. Immerhin gehören hierher nicht nur die Fälle, daß der Schuldner auf Grund eines Tauschvertrages über den Gegenstand verfügt, sondern auch die nicht gerade seltenen Fälle der Verfügung des Schuldners über fremdes Geld.

Da der Versuch, auf der Grundlage der §§ 281 Abs. I, 816 Abs. I Satz 1 zu einer in allen Fällen befriedigenden Regelung zu gelangen, als gescheitert betrachtet werden muß, ist nunmehr zu untersuchen, ob eine Regelung des in §§ 281, 816 zugrunde liegenden Interessenkonfliktes noch in anderen Rechtsnormen erfolgt ist. Als sedes materiae bietet sich die Grundregel der iustitia commutativa, „neminem cum alterius detrimento et iniuria fieri locupletiorem"[11] an, die in entsprechend allgemeiner Fassung in § 812 BGB in das Bürgerliche Gesetzbuch aufgenommen ist.

Das Thema der folgenden Erörterungen läßt sich somit in die Frage kleiden: Besteht unter den Voraussetzungen der §§ 281 Abs. I, 816 Abs. I Satz 1 wegen der Verfügung des Schuldners ein Anspruch des

---

[9] Der BGH (VII ZR 18/58 v. 23. 2. 1959: unveröffentlicht) hat entschieden, daß, wenn im Falle des § 816 Abs. I Satz 1 das Erlangte vorhanden ist, nicht der Wert des Gegenstandes, über den verfügt wurde, nach § 818 beansprucht werden kann.
[10] a.a.O. S. 59.
[11] *Pomponius* D. 50. 17: 206.

Gläubigers nach § 812 i. V. m. § 818 Abs. II auf Ersatz des Wertes des Verfügungsgegenstandes?

Diese Frage umschließt mehrere Probleme:
(1) Gewährt § 812 Abs. I (i. V. m. § 818 Abs. II) einen Anspruch auf Wertersatz oder einen Anspruch auf Gewinnherausgabe? (dazu in § 14)
(2) Tatbestandsproblem: Vermag eine sachenrechtliche Verfügung einen Anspruch aus § 812 Abs. I Satz 1 (allgemeine Eingriffskondiktion) auszulösen,
 (a) wenn es sich um die Verfügung eines Nichtberechtigten handelt? (dazu in § 15)
 (b) wenn der Verfügende zwar Inhaber des Rechts ist, er mit dieser Verfügung aber eine schuldrechtliche Verpflichtung gegenüber einem Dritten verletzt? (dazu in § 16)

### § 14 Die Qualifizierung der Eingriffskondiktion als Wertersatzanspruch

Im Hinblick auf den Zweck dieser Untersuchungen erscheint die zweite Frage nur dann noch sinnvoll, wenn die erste Frage so beantwortet werden kann, daß der Anspruch aus § 812 Abs. I Satz 1 im Falle der Bereicherung in sonstiger Weise sich als Anspruch auf Wertersatz darstellt und nicht als ein solcher auf Gewinnherausgabe. Würde man nämlich § 812 Abs. I Satz 1 im Sinne einer Gewinnherausgabehaftung interpretieren, so wäre im Anwendungsbereich der §§ 281, 816 der Anspruchsgegenstand des § 812 Abs. I Satz 1 mit dem der §§ 281 Abs. I, 816 Abs. I Satz 1 identisch, so daß die Existenz einer Eingriffskondiktion neben den Surrogationsansprüchen praktisch bedeutungslos wäre.

Neuerdings hat Jakobs das Problem Gewinnherausgabe oder Wertersatz im Bereicherungsrecht wieder zur Diskussion gestellt. Die Einwände, die er gegen die moderne bereicherungsrechtliche Lehre vorgetragen hat, betreffen weniger die theoretischen Grundlagen als die praktischen Folgen der Lehre vom Zuweisungsgehalt. Jakobs befürwortet eine bereicherungsrechtliche Gewinnhaftung. Für ihn besteht daher der Gegenstand der Bereicherung in dem erzielten Kaufpreis, in den ersparten Aufwendungen etc., während die herrschende Lehre die Verwertung selbst, also den Gebrauch, Verbrauch und die Veräußerung als solche, als Bereicherungsgegenstand ansieht. Da für Jakobs nicht der „Eingriff" selbst, sondern erst seine Auswirkungen im Vermögen des Schuldners die Bereicherung darstellt, bedarf es des Merkmals der Widerrechtlichkeit, um den Kontakt zwischen der Bereicherung und dem Vermögen des Bereicherungsgläubigers herzustellen[1]. Er kann sich dabei auf die von Fritz Schulz in seinem „System der Rechte auf den Eingriffserwerb" entwickelte These stützen, daß die Unrechtmäßigkeit der Bereicherung in der Rechtswidrigkeit des Eingriffs begründet ist[2].

Zu dem Meinungsstreit zwischen der herrschenden Doktrin und Jakobs ist im Rahmen dieser Untersuchung nur soviel zu sagen: Der Wortlaut des § 812 Abs. I Satz 1 läßt beide Interpretationen zu. Es ist daher der Lösung der Vorzug zu geben, die im Hinblick auf den Zweck des Bereicherungsrechts die besseren, d. h. interessengerechteren Ergebnisse verbürgt. Wie die Deliktsansprüche dient auch die Eingriffskondiktion dem Güterschutz[3]: Die Inanspruchnahme fremden Gutes begründet den Bereicherungsanspruch. Dem Zweck des § 812 Abs. I Satz 1 ist daher durch eine Wertersatzpflicht des Bereicherten Genüge getan. Erlegt man dem Schuldner die Verpflichtung zur Gewinnherausgabe auf, so kann man sich hierfür nicht auf berechtigte Interessen der Gläubiger berufen, sondern allenfalls auf eine abstrakte Gerechtigkeitsidee etwa des Inhalts, daß der vom Schuldner im Zusammenhang mit der ungerechtfertigten Bereicherung erzielte Gewinn diesem nicht belassen werden dürfe. Die Existenz einer solchen Gerechtigkeitsidee unterstellt, besagt sie doch nichts darüber, wem der Gewinn gebührt, und seine Zuwendung an den Gläubiger ließe sich nur damit rechtfertigen, daß es an einem anderen in Betracht kommenden Empfänger fehlt[4].

Gewinnherausgabe hat das Gesetz in § 816 Abs. I Satz 1 für den Fall der Veräußerung durch einen Nichtberechtigten angeordnet, weil es den Erlös in vollem Umfang als Surrogat des Verfügungsgegenstandes betrachtet[5], so daß für eine bereicherungsrechtliche Gewinnhaftung des Verfügenden kein Bedürfnis besteht. In den anderen Fällen der Verwertung fremden Gutes erscheint eine Gewinnhaftung unangemessen und unpraktikabel[6]; die berechtigten Interessen des Inhabers des beeinträchtigten Gutes sind durch den Wertersatzanspruch voll gewahrt.

Ausgangspunkt für die folgenden Untersuchungen ist die Erkenntnis, daß § 812 Abs. I Satz 1 im Falle der Bereicherung in sonstiger Weise

---

[1] *Jakobs* S. 28.
[2] Vgl. *Schulz* S. 479 f.
[3] *v. Caemmerer* S. 211 f., 228 f.
[4] *Jakobs* S. 65 meint, wenn man den Gewinn nicht dem Bereicherungsschuldner überlassen will und ihn auch nicht dem Bereicherungsgläubiger zuwenden will, käme nur der Staat als Gläubiger in Betracht.
[5] Vgl. oben S. 21 f.
[6] Oder soll etwa der in seinem Unternehmen irrtümlich fremde Kohlen verbrauchende Fabrikant — ein Beispiel von *Jakobs* — dem Eigentümer der Kohlen zur anteiligen Gewinnherausgabe verpflichtet sein? Wie sollte der Gewinnanteil berechnet werden?

§ 14 Die Qualifizierung der Eingriffskondiktion als Wertersatzanspruch 77

einen Wertersatz- und keinen Gewinnherausgabeanspruch gewährt. Speziell das hier erörterte Problem läßt sich noch als Argument gegen die Gewinnherausgabe verwenden. Denn nur, wenn man mit der herrschenden Lehre die Eingriffskondiktion als Wertersatzanspruch konstruiert, vermag § 812 Abs. I Satz 1 die Rechtsposition des Gläubigers aus § 281 Abs. I und § 816 Abs. I Satz 1 sinnvoll zu ergänzen und die Fälle einer gerechten Lösung zuzuführen, in denen die Herausgabe des rechtsgeschäftlichen Surrogates wegen dessen konkreter Beschaffenheit keinen befriedigenden Interessenausgleich zwischen Gläubiger und Schuldner ermöglicht.

Demgegenüber erscheint eine Gewinnhaftung des Bereicherungsschuldners nicht interessengerecht, vor allem dann nicht, wenn der Bereicherungsschuldner auch ohne Eingriff in fremde Rechte den Gewinn hätte erzielen können. Diesem Argument verschließt sich auch Jakobs nicht[7]. Um in diesen Fällen die Gewinnhaftung zu begrenzen oder auszuschalten, führt er den Gedanken der hypothetischen Kausalität in die Erörterung ein[8]. Auf dem Boden seiner Lehre scheint das zunächst folgerichtig, wird doch der Bereicherungsgegenstand seiner Ansicht nach durch die vom widerrechtlichen Eingriff ausgelöste Kausalkette bestimmt[9]. Nachdem Jakobs die Vorstellung einer hypothetischen Kausalität so seiner Lehre nutzbar gemacht hat, erkennt er selbst, daß der Kausalitätsbegriff in Wahrheit die Idee der hypothetischen Kausalität nicht umschließt: „Der konstruktiv richtige Ansatzpunkt zur Lösung des Problems der Berücksichtigung hypothetischer Erfolgsverursachung ist daher im Schadensersatz- wie auch im Bereicherungsrecht der Begriff des Schadens bzw. der Bereicherung, und die Entscheidung dieser Frage entscheidet zugleich die Kausalitätsfrage. Nur deswegen ist es richtig und evident, daß sich das Problem der Berücksichtigung hypothetischer Erfolgsverursachung nicht vom Kausalbegriff her lösen läßt[10]." Damit hat Jakobs die Unschlüssigkeit seiner Lehre selbst dargetan. Folgerichtig durchgeführt bietet sie keinen Anhalt für die Berücksichtigung der hypothetischen Kausalität, es sei denn, man läßt die hypothetische Erfolgsverursachung als Kausalität gelten, was Jakobs aber gerade nicht will, wie seinen hier wiedergegebenen Ausführungen zu entnehmen ist. Unzutreffend ist daher seine Behauptung, die Alternative, Gewinnherausgabe oder Ersatz der ersparten Ausgaben, stelle sich vom Kausalitätserfordernis her.

In diesem Zusammenhang lautet ein weiterer Einwand gegen die Lehre Jakobs, daß er einen unterschiedlichen Begriff der Bereicherung

---

[7] *Jakobs* S. 57 f.
[8] *Jakobs* S. 136 f.
[9] *Jakobs* S. 32.
[10] *Jakobs* S. 144 f.

verwendet, je nachdem, ob die Voraussetzungen der §§ 818 Abs. IV, 819 vorliegen oder nicht. Im ersteren Fall sollen Reserveursachen, die einen Gewinn des Bereicherungsschuldners herbeigeführt hätten, außer acht bleiben, im anderen dagegen berücksichtigt werden[11]. Eine solche Differenzierung des Bereicherungsbegriffs der §§ 812 ff. läßt das Gesetz nicht zu.

Entgegen den Thesen von Jakobs ist also daran festzuhalten, daß die Eingriffskondiktion in ihrer Grundform des § 812 Abs. I Satz 1 keinen Anspruch auf Gewinnherausgabe, sondern einen Wertersatzanspruch gewährt.

Nunmehr kann sich diese Untersuchung der Frage zuwenden, ob die Sachverhalte, aus denen sich Ansprüche gemäß §§ 281 Abs. I, 816 Abs. I Satz 1 herleiten, zugleich auch Ansprüche nach § 812 Abs. I Satz 1 wegen Bereicherung in sonstiger Weise begründen. Da die Voraussetzungen des § 281 Abs. I und des § 816 Abs. I Satz 1 im Hinblick auf den Tatbestand des § 812 nicht übereinstimmen, ist die Frage der Tatbestandsmäßigkeit für beide Vorschriften getrennt zu behandeln.

## § 15 Der Wertersatzanspruch wegen der Verfügung eines Nichtberechtigten

I. Nach allgemeiner Ansicht ist die Verfügung eines Nichtberechtigten ein Fall der Bereicherung in sonstiger Weise des § 812 Abs. I Satz 1, der in § 816 Abs. I Satz 1 eine besondere Regelung gefunden hat[1]. Danach soll § 816 Abs. I Satz 1 nur klarstellen, daß ein Bereicherungsanspruch, der an sich schon nach § 812 Abs. I Satz 1 begründet ist, tatsächlich besteht[2]. Die Tatbestände der §§ 812 Abs. I Satz 1, 816 Abs. I Satz 1 sind also im Anwendungsbereich des § 816 Abs. I Satz 1 als der den spezielleren Tatbestand enthaltenden Vorschrift kongruent. Deswegen und infolge der Einordnung des § 816 in das Bereicherungsrecht nimmt man an, daß § 816 Abs. I Satz 1 die allgemeine Eingriffskondiktion verdrängt, die Rechtsfolgen der Verfügung eines Nichtberechtigten also ausschließlich in § 816 Abs. I Satz 1 geregelt sind[3].

II. Die Bestimmung des Verhältnisses von § 816 Abs. I Satz 1 zu § 812 Abs. I Satz 1 als das einer lex specialis zu einer lex generalis nach der Methode der systematischen Auslegung überzeugt nicht, zumal in

---

[11] Jakobs S. 144 f.
[1] *Soergel - Mühl* § 816, 1; *Planck - Landois* vor §§ 812 ff., 2; *Esser* II S. 367.
[2] Dieser Standpunkt ist auch in den Motiven (III S. 224 f.) zu § 839 E 1 zum Ausdruck gebracht.
[3] Man hält die Richtigkeit dieser Auslegung für so evident, daß man sogar auf die Darlegung verzichtet.

### § 15 Der Wertersatzanspruch wegen der Verfg. eines Nichtberechtigten

den Vorentwürfen zum BGB die dem § 816 Abs. I Satz 1 entsprechenden Regelungen ihren Platz noch im Sachenrecht im Anschluß an die Vorschriften über den Erwerb vom Nichtberechtigten gefunden hatten[4]. Daß in dem Gesetz gewordenen dritten Entwurf die Regelung des § 816 Abs. I Satz 1 dem 24. Titel im 7. Abschnitt des 2. Buches eingefügt wurde, erklärt sich aus dem Bestreben der Gesetzesverfasser, den Gesetzestext möglichst übersichtlich und daher die in ihm verkörperten Regelungen möglichst allgemein zu gestalten: Während in den Vorentwürfen eine dem § 816 Abs. I Satz 1 entsprechende Vorschrift für jeden Fall des Erwerbs vom Nichtberechtigten gesondert aufgenommen werden mußte, gilt § 816 Abs. I Satz 1 für alle Fälle des Erwerbs vom Nichtberechtigten. Sachlich sollte § 816 Abs. I Satz 1 gegenüber der Regelung in den Vorentwürfen keine Änderung herbeiführen. Nach dem Sinnzusammenhang gehört die Regelung des Anspruchs des dinglich Berechtigten im Fall der Veräußerung durch einen Nichtberechtigten gemäß der Systematik des BGB in das Sachenrecht, das auch die Regelung sonstiger schuldrechtlicher Nebenansprüche des dinglich Berechtigten enthält, nicht in das Recht der Schuldverhältnisse[5]. Daher kann auch die Stellung des § 816 Abs. I Satz 1 nicht für die Beurteilung seines Verhältnisses zu § 812 Abs. I Satz 1 maßgebend sein.

III. Der Bundesgerichtshof[6] hat die Auffassung vertreten, daß für die Anwendung der §§ 812, 818 Abs. II kein Raum ist, wenn ein Nichtberechtigter eine Verfügung trifft, die dem Berechtigten gegenüber wirksam ist, und er daher gemäß § 816 Abs. I Satz 1 zur Herausgabe des Erlöses verpflichtet ist. Die Entscheidung ist so begründet: § 818 Abs. II setze voraus, daß ein Bereicherungsanspruch gemäß § 812 bestanden habe, der auf Herausgabe eines Gegenstandes gerichtet gewesen sei. Sei dieser Gegenstand nicht mehr vorhanden, so sei alsdann nach § 818 Abs. II dessen Wert zu ersetzen. Dem Eigentümer habe aber kein auf Herausgabe des Verfügungsgegenstandes gerichteter Bereicherungsanspruch zugestanden. Er habe vielmehr einen Eigentumsanspruch aus § 985 BGB gehabt, daneben habe ihm kein Bereicherungsanspruch zugestanden; „denn der Beklagte hatte kein Recht auf die Sachen, um das er hätte bereichert sein können". Diese Rechtslage habe sich dadurch, daß der Schuldner den Verfügungsgegenstand veräußert habe, nicht geändert, soweit es sich um die Anwendbarkeit des § 812 und damit auch des § 818 Abs. II handle. Der Eigentumsanspruch habe sich durch diese Veräußerung in den Bereicherungsanspruch des

---
[4] § 839, 880 E 1; §§ 812, 850 E 2.
[5] OLG Hmbg JW 1926, 2775; zustimmend zitiert in RG 115, 32 f.
[6] VII ZR 18/58 (unveröffentlicht). Der BGH hob das Berufungsurteil des OLG Nürnberg auf, das einer Klage des vormaligen Eigentümers gegen den rechtswidrig Verfügenden auf Wertersatz für die Veräußerungsgegenstände stattgegeben hatte.

§ 816 Abs. I Satz 1 umgewandelt. „Eine Forderung aus § 812 BGB war aber hierdurch ebensowenig entstanden, wie sie vorher neben dem Eigentumsanspruch bestehen konnte."

Diese Argumentation fordert Widerspruch. Insbesondere ist die Prämisse unrichtig, daß neben dem Eigentumsanspruch aus § 985 eine Forderung aus § 812 nicht bestehen könne. Es ist ganz herrschende und richtige Lehre, daß neben dem Eigentumsherausgabeanspruch aus § 985 die sogenannte condictio possessionis bestehen kann[7]. Allerdings kann der Gläubiger mit der condictio possessionis, wenn der Schuldner bei Veräußerung des Gegenstandes auch den Besitz übertragen hat, nur die zwischenzeitlichen Gebrauchsvorteile vom Schuldner als dem ehemaligen Besitzer ersetzt verlangen, also nicht Wertersatz für den Veräußerungsgegenstand[8], um den allein es hier geht.

Weder Rechtsprechung noch Literatur haben das Problem der Anspruchskonkurrenz zwischen dem Wertersatzanspruch der §§ 812, 818 Abs. II und dem Surrogationsanspruch des § 816 Abs. I Satz 1 zutreffend erfaßt[9]. Es geht dabei nämlich nicht um die condictio possessionis, sondern um die Frage, ob die Verfügung eines Nichtberechtigten neben einem Surrogationsanspruch aus § 816 Abs. I Satz 1 auch einen Wertersatzanspruch gemäß §§ 812 Abs. I Satz 1, 818 Abs. II auslöst, und zwar unabhängig davon, ob vor der Veräußerung eine condictio possessionis bestanden hat. Somit ist auch das Argument, daß der Wert des Besitzes dem Wert der Sache nicht gleichgesetzt werden kann[10], unerheblich, da es nur die condictio possessionis betrifft.

IV. Da die Verfügung eines Nichtberechtigten den Tatbestand der Bereicherung in sonstiger Weise erfüllt, entsteht durch sie auch ein Anspruch aus § 812 Abs. I Satz 1, wenn das sachgerecht ist, d. h. vom Gläubigerinteresse gefordert wird, und wenn nicht berechtigte Schuldnerinteressen dazu zwingen, die Anwendung des § 812 Abs. I Satz 1 neben der des § 816 Abs. I Satz 1 aus Konkurrenzgründen auszuschließen.

Gegenstand des Anspruchs aus § 816 Abs. I Satz 1 ist das rechtsgeschäftliche Surrogat, also die vom Schuldner bei der Veräußerung erlangte Gegenleistung, gleichgültig, worin sie besteht, in einer Summe

---

[7] RG 98, 131 f. (135); BGH (IV. Senat) NJW 1953, 58 f. (59). Der VII. Senat des BGH bezieht sich also zu Unrecht auf die vorgenannten Entscheidungen.
[8] RG 115, 34; wohl aus diesem Grunde hat der BGH VII ZR 18/58 die condictio possessionis außer acht gelassen.
[9] Insoweit besteht Übereinstimmung: „Ohne die gesetzliche Regelung in § 816 hätte dem Inhaber des Rechts eine Eingriffskondiktion zugestanden." (*Soergel - Mühl* § 816 Abs. 1). Eine Begründung, warum der Anspruch aus § 816 Abs. 1 Satz 1 die allgemeine Eingriffskondiktion verdrängt, findet sich nirgendwo.
[10] BGH NJW 1953, 59.

Geldes oder einer anderen Sache oder etwa in einem Anspruch auf Gebrauchsüberlassung, Dienst- oder Werkleistung. Demgegenüber hat der Schuldner gemäß § 812 Abs. I Satz 1 die Bereicherung zurückzugewähren, die in der Inanspruchnahme des fremden Rechts besteht: Gegenstand des Bereicherungsanspruchs aus § 812 Abs. I Satz 1 ist also der Wert, den der Nichtberechtigte dem Gläubiger durch die rechtswidrige Veräußerung entzieht[11]. Da dieser in der Veräußerung sich realisierende Wert wegen seiner „Beschaffenheit" nicht herausgegeben werden kann, gewährt § 812 Abs. I Satz 1 in Verbindung mit § 818 Abs. II demjenigen, dessen Recht durch die Veräußerung beeinträchtigt worden ist, einen Anspruch auf Ersatz des Wertes des Verfügungsgegenstandes in Geld.

Gesteht man dem Gläubiger des Anspruchs aus § 816 Abs. I Satz 1 daneben — natürlich nur wahlweise — einen Wertersatzanspruch nach § 812 Abs. I Satz 1 zu, so ist damit die Rechtsstellung des Schuldners gegenüber der bisherigen Doktrin geringfügig verschlechtert[12], insofern, als er sich von seiner Verpflichtung nicht mehr durch Übertragung sämtlicher im Zusammenhang mit der Verfügung über Rechte des Gläubigers erlangten Vorteile befreien kann, sondern nach Wahl des Gläubigers diesem für dessen Verlust Wertersatz in Geld leisten muß, gemäß § 818 Abs. III nicht über den Wert des Veräußerungserlöses hinaus. Während nämlich die Herausgabe des Surrogats — nach einer Formulierung Jakobis[13] — „unschädlich" ist, da der Schuldner nur das durch den Eingriff Erlangte herausgibt, ist die alternativ konkurrierende Verpflichtung zum Wertersatz in dem Sinne schädlich, daß der Schuldner den Wertersatz aus seinem Vermögen leisten muß, sich sein Vermögen nach Abwicklung des Schuldverhältnisses zwar nicht summa summarum, wohl aber seiner konkreten Zusammensetzung nach verändert hat. Insofern ist die Feststellung Stieves[14], daß mit der Herausgabe des Gegenstandes, den der Schuldner als Gegenleistung für seine unberechtigte, aber wirksame Verfügung erhalten habe, weder dem Kondiktionsschuldner noch dem Kondiktionsgläubiger gedient sei, nicht für alle Fälle zutreffend. Dem Kondiktionsschuldner kann durchaus „damit gedient sein"[15], allenfalls den Erlös herausgeben und nicht Wertersatz aus seinem übrigen Vermögen leisten zu müssen. Jedoch ist diese Belastung des Schuldners durch das Wahlrecht des Gläubigers sachgerecht, weil der Schuldner die Gegenleistung des Verfügungsemp-

---
[11] *Larenz* II S. 371 gegen *Jakobs*.
[12] Die Bemerkung *Stieves* S. 47, der Schuldner würde durch die Wertersatzpflicht „in eine üble Lage versetzt", betrifft nur die Leistungskondiktion.
[13] a.a.O. S. 183.
[14] a.a.O. S. 54 f.
[15] Ebenso dem Kondiktionsgläubiger (gegen *Stieve* a.a.O.); dazu bereits oben S. 16 f.

fängers durch Aushandeln der Vertragsbedingungen nach seinen Interessen und Bedürfnissen bestimmt. Es erscheint im Ergebnis richtiger, wenn nach Wahl des Gläubigers der Schuldner das Surrogat behalten muß und dem Gläubiger Wertersatz zu leisten hat, als wenn der Gläubiger ein für ihn möglicherweise wertloses Surrogat als Ausgleich für den Eingriff des Schuldners in seine Rechtsposition akzeptieren müßte.

Mit dem Wertersatzanspruch aus §§ 812 Abs. I Satz 1, 818 Abs. II lassen sich also die Fälle interessengerecht entscheiden, in denen das vom Schuldner erlangte Surrogat nicht in einer bestimmten Summe Geldes, sondern in irgendeinem anderen, für den Gläubiger vielleicht nicht verwertbaren Gegenstand besteht. Die Verfügung eines Nichtberechtigten löst somit sowohl einen Anspruch nach § 816 Abs. I Satz 1 auf Herausgabe des rechtsgeschäftlichen Surrogates als auch gemäß § 812 Abs. I Satz 1, 818 Abs. II einen Anspruch auf Wertersatz aus. Der Anspruch aus §§ 812 Abs. I Satz 1, 818 Abs. II besteht außer in den Fällen der §§ 818 Abs. IV, 819 nur in der Höhe der noch vorhandenen Bereicherung; er findet also die Begrenzung seines Umfangs sowohl im Wert des Verfügungsgegenstandes als auch im Wert des Surrogates[16].

V. Wie schon angedeutet, kann der Gläubiger nicht den Surrogationsanspruch aus § 816 Abs. I Satz 1 und den Wertersatzanspruch aus §§ 812 Abs. I Satz 1, 818 Abs. II nebeneinander geltend machen. Vielmehr besteht zwischen § 816 Abs. I Satz 1 und § 812 Abs. I Satz 1 im Falle der Verfügung eines Nichtberechtigten ein Verhältnis derart, daß nur der eine oder der andere Anspruch realisiert werden kann. Das bedeutet: Durch Befriedigung des einen Anspruchs erlischt auch der andere, weil beide Ansprüche auf Befriedigung des gleichen Interesses gerichtet sind. Ein so geartetes Verhältnis von Ansprüchen untereinander ist dem bürgerlichen Recht nicht fremd[17]: So kann zum Beispiel der Käufer, wenn der Kaufsache im Zeitpunkt des Gefahrübergangs eine zugesicherte Eigenschaft fehlt, Wandlung oder Minderung oder Schadenersatz wegen Nichterfüllung verlangen (§§ 459 Abs. II, 462, 463); so kann im Falle der vom Schuldner zu vertretenden Unmöglichkeit der Gläubiger nach § 280 vollen Schadenersatz oder nach § 281 Herausgabe des Ersatzgegenstandes unter Anrechnung auf den Schadenersatzanspruch fordern; so kann der Gläubiger eines Schadenersatzanspruches wegen Verletzung einer Person oder Beschädigung einer Sache gemäß § 249 Satz 1 Schadenersatz durch Naturalherstellung oder gemäß § 249 Satz 2 Schadenersatz in Geld verlangen.

Das soeben beschriebene Verhältnis zwischen dem Anspruch aus § 812 Abs. I Satz 1 und dem aus § 816 Abs. I Satz 1 hinsichtlich der

---
[16] *Boehmer* S. 20.
[17] *v. Tuhr*, Allg. Teil II, 2 S. 285.

### § 15 Der Wertersatzanspruch wegen der Verfg. eines Nichtberechtigten

Verfügung eines Nichtberechtigten läßt sich nicht als Wahlschuldverhältnis im Sinne der §§ 262 f. einordnen[18], weil die Regelung des § 265 hier nicht paßt: Die Herausgabepflicht des § 812 Abs. I Satz 1 wegen der Verfügung eines Nichtberechtigten darf nicht deshalb erlöschen, weil die Herausgabe des Erlangten wegen seiner Beschaffenheit nicht möglich ist; sonst könnte ein Wertersatzanspruch nach §§ 812 Abs. I Satz 1, 818 Abs. II überhaupt nicht entstehen. Der Gläubiger kann also, wenn ein Nichtberechtigter durch rechtsgeschäftliche Verfügung[19] in seine Rechte eingreift, wahlweise nach § 816 Abs. I Satz 1 das vom Verfügungsempfänger dem Nichtberechtigten geleistete Entgelt oder nach §§ 812 Abs. I Satz 1, 818 Wertersatz für den Verfügungsgegenstand — maximal bis zur Höhe des Wertes des Surrogats — verlangen. Entgegen der bisherigen Lehre[20] ist also bei Verfügungen Nichtberechtigter neben dem Anspruch aus § 816 Abs. I Satz 1 auch ein solcher aus §§ 812 Abs. I Satz 1, 818 begründet[21], mit der Maßgabe, daß der

---

[18] RG 85, 282 f.; 102, 264 f.; 109, 186: Wahlschuld i. S. d. § 262 f. besteht nur, wenn das Recht auf eine von mehreren wahlweise geschuldeten Leistungen sich unmittelbar aus dem Schuldverhältnis ergibt.

[19] Bei „Verfügungen" im Wege der Zwangsvollstreckung (Versteigerung) gewährt die Rechtsprechung dem nach § 771 ZPO legitimierten Eigentümer einen Anspruch gegen den die Zwangsvollstreckung betreibenden Gläubiger auf Herausgabe des Versteigerungserlöses gemäß § 812 Abs. I Satz 1; RG 156, 395 ff.; BGH JuS 1967, 87 (Nr. 4); OLG Düsseldorf NJW 1966, 2361.
Lüke AcP 153, 533 f. hat die Rechtsbeziehungen zwischen Gläubiger, Schuldner und Dritteigentümer hinsichtlich des Versteigerungserlöses in der Zwangsvollstreckung eingehend analysiert. Er und mit ihm die herrschende Meinung nehmen dingliche Surrogate bezüglich des Versteigerungserlöses an und lassen bei Aushändigung des Erlöses an den Gläubiger oder an den Schuldner (an letzteren nur bei Erzielung eines „Überschusses", wenn nämlich der Versteigerungserlös den Betrag der Forderung des Gläubigers übersteigt) die Eingriffskondiktion des Dritteigentümers auf Herausgabe des Versteigerungserlöses zu.
Eine Mindermeinung bejaht einen Anspruch des Dritteigentümers auf Herausgabe des Versteigerungserlöses nach § 816 Abs. I Satz 1 mit der Begründung, diese Vorschrift betreffe auch Verfügungen im Wege der Zwangsvollstreckung; *Palandt - Gramm* § 816, 20; *Fikentscher* S. 615.
Hinsichtlich der Folgen dieses Meinungsstreites für die Frage des Wegfalls der Bereicherung bezüglich der Vollstreckungskosten *Nicklisch* NJW 1966, 434, dessen Lösungsvorschlag billigenswert ist.
Bei der Pfandveräußerung hat der Dritteigentümer einen Anspruch gegen den Pfandgläubiger auf Erlösherausgabe nach § 816 Abs. I Satz 1. Die Pfandveräußerung gemäß §§ 1235 f. ist ein rein privatrechtlicher Vorgang; sie enthält eine „echte" Verfügung im Sinne des § 816 Abs. I Satz 1.

[20] s. o. S. 78. Ausdrücklich hat RGRK - *Scheffler* § 816, 4 unter Hinweis auf BGH VII ZR 18/58 v. 23. 2. 1959 die Anerkennung eines mit dem Surrogationsanspruch aus § 816 Abs. I Satz 1 konkurrierenden Wertersatzanspruchs aus §§ 812 Abs. I Satz 1, 818 Abs. II im Falle der Verfügung eines Nichtberechtigten abgelehnt.

[21] Eine Eingriffskondiktion gegen den Verfügungsempfänger kommt dagegen nicht in Betracht. Zwar greifen sowohl der Veräußerer als auch der Erwerber in das Eigentum des Berechtigten ein, weil beide in der dinglichen Einigung zusammenwirken (*Medicus*, S. 278). Aber der Erwerber erlangt die Bereicherung durch die Leistung des Veräußerers. Für einen Anspruch

Gläubiger Erfüllung nur eines der beiden Ansprüche verlangen kann. Damit ist eine sachgerechte Entscheidung in allen Fällen von Verfügungen Nichtberechtigter gewährleistet. Praktische Bedeutung erlangen §§ 812 Abs. I Satz 1, 818 gegenüber § 816 Abs. I Satz 1 hauptsächlich nur, wenn der vom Schuldner bei der Veräußerung erzielte Erlös nicht in Geld besteht[22], sondern ein für den Gläubiger wertloser Gegenstand ist.

## § 16 Der Wertersatzanspruch des Gläubigers wegen vertragswidriger Verfügung des Schuldners

Ist durch die Verfügung des Schuldners nur ein schuldrechtlicher Anspruch des Gläubigers gegen den Verfügenden gemäß § 275 erloschen, besteht die Verpflichtung zur Herausgabe des rechtsgeschäftlichen Surrogates aus § 281 Abs. I. Wie im Falle der Verfügung eines Nichtberechtigten wäre es auch hier interessengerecht, wenn der Gläubiger bei nicht in Geld bestehender Gegenleistung des Verfügungsempfängers wahlweise Herausgabe des Surrogats oder Ersatz des Wertes des Verfügungsgegenstandes verlangen könnte. Es ist daher zu fragen, ob die Verfügung eines Berechtigten, wenn durch sie die Erfüllung einer anderen schuldrechtlichen Verpflichtung unmöglich wird, einen Wertersatzanspruch nach §§ 812 Abs. I Satz 1, 818 Abs. II auszulösen vermag.

I. Damit ist das Problem angesprochen, ob und inwieweit die Verletzung obligatorischer Rechte durch den Schuldner Grundlage der Berei-

---

des Gläubigers gegen den Erwerber aus § 812 Abs. I Satz 2 wegen Bereicherung „in sonstiger Weise" ist im Hinblick auf das Leistungsverhältnis zwischen Veräußerer und Erwerber kein Raum (BGHZ 40, 272 ff., 277 unter Bezugnahme auf *Esser*). *Medicus*, S. 285, will entgegen der hier vertretenen Ansicht den Ausschluß einer Eingriffskondiktion gegen den Verfügungsempfänger der Vorschrift des § 816 Abs. I Satz 1 entnehmen.

[22] Wenn der Veräußerungserlös in Geld besteht, kann dem Anspruch aus § 812 Abs. I Satz 1 neben dem aus § 816 Abs. I Satz 1 Bedeutung zukommen, weil der Kläger vielleicht nicht die Anspruchsvoraussetzungen des § 816 Abs. I Satz 1, wohl aber die des § 812 Abs. I Satz 1 schlüssig darlegen und beweisen kann. Zum Beispiel: Der Beklagte hat Sachen des Klägers veräußert, an wen und zu welchem Preis läßt sich nicht mehr feststellen. Über einen solchen Sachverhalt hatte der BGH (VII ZR 18/58) zu entscheiden. Er verwies den Kläger auf einen Anspruch aus § 816 Abs. I Satz 1 und hob das Urteil des Berufungsgerichts auf, das dem Kläger einen Anspruch auf Wertersatz aus § 812 Abs. I Satz 1 zugesprochen hatte. Ich halte das Urteil des Berufungsgerichts für richtig. Denn soll der Kläger wirklich abgewiesen werden, wenn er nicht darlegen und beweisen kann, welchen Veräußerungserlös der Beklagte erlangt hat? Muß nicht vielmehr der Beklagte die Behauptungs- und Beweislast dafür tragen, daß er keinen dem Wert des Verfügungsgegenstandes entsprechenden Erlös erlangt hat (entsprechend § 818 Abs. III)?

### § 16 Der Wertersatzanspruch wegen vertragswidriger Verfg.

cherungshaftung sein kann[1]. In der Literatur hat man diesen Fragen bisher kaum Beachtung geschenkt. So erwähnt Fikentscher[2] die Forderungen als kondiktionsbegründete Rechte nur im Zusammenhang mit der Regelung des § 816 Abs. II. Dasselbe gilt von den Feststellungen von Caemmerers: „Bereicherungsrechtlich sind Forderungen jedenfalls in absoluter Weise gegen Eingriffe Dritter geschützt"[3], und noch deutlicher: „Auch Forderungen sind Vermögensobjekte, deren Innehabung absolut gegen Eingriffe Dritter geschützt sein kann[4]." Einschlägig, aber nur wenig ergiebig, ist in diesem Zusammenhang auch die vorsichtige, in einer Andeutung sich erschöpfende Formulierung Jakobs: „Möglicherweise" sei jede Vermögensmehrung herauszugeben, die auf einer Verletzung des Forderungsrechts beruht; „insoweit träte der Bereicherungsanspruch hinter dem Erfüllungsanspruch zurück"[5].

Die Stellungnahmen Fikentschers und von Caemmerers betreffen nicht das hier erörterte Problem. Daß die „Zuständigkeit" bzw. „Zuordnung" der Forderung zu einem Rechtssubjekt in absoluter Weise gegen Eingriffe Dritter geschützt ist[6], besagt nichts darüber, inwieweit die anderweitige Verwertung (hier: Veräußerung) des Forderungsgegenstandes durch den Schuldner Grundlage der Bereicherungshaftung sein kann. Vielmehr stellt sich die Frage so: Hat im Sinne des § 812 Abs. I Satz 1 auch derjenige etwas in anderer Weise als durch Leistung auf Kosten des Gläubigers ohne rechtlichen Grund erlangt, der als Schuldner seine eigene Sache verwertet und damit die Forderung des Gläubigers beeinträchtigt?

1. Dieses Problem ist bisher nicht konkret erörtert worden[7]; seine Lösung muß daher auf der Grundlage der allgemeinen Erkenntnisse zu § 812 Abs. I Satz 1 entwickelt werden.

Das Bereicherungsrecht ist geprägt von der Aufspaltung des Grundtatbestandes § 812 Abs. I Satz 1 in Leistungs- und Eingriffskondiktion. Man hat die Eingriffskondiktion so gekennzeichnet, daß sie ein Anspruch aus dem Recht selbst ist[8], weil sie dessen Zuweisungsgehalt verwirklicht. Gerade der Begriff des Zuweisungsgehalts hat im Bereicherungsrecht zentrale Bedeutung erlangt; man sagt, daß Anspruchs-

---

[1] Auf das Problem weist *Jakobs* S. 153, Fußnote 4, a. E. hin.
[2] a.a.O. S. 614.
[3] *von Caemmerer* S. 232.
[4] *von Caemmerer* S. 231.
[5] *Jakobs* S. 169.
[6] *Larenz* I S. 15, 390 ff.; *Westermann* S. 8 f.; *Baur* S. 10.
[7] BGH 46, 260 f. (262 f.) hat einen Anspruch aus § 812 Abs. I Satz 1 bei anderweitiger Veräußerung der Kaufsache verneint. Dabei hat der BGH allerdings als Anspruchsgegenstand nur den Veräußerungserlös in Betracht gezogen und deshalb die Problematik, wie sie hier aufgeworfen ist, nicht gesehen.
[8] *Mestmäcker* JZ 1958, 523.

grund für die Eingriffskondiktion der Zuweisungsgehalt des Rechts ist[9]. Offenbar will man aber dem Forderungsrecht außerhalb seiner Zuordnungsfunktion keinen Zuweisungsgehalt beimessen. So spricht von Caemmerer im Zusammenhang mit der Eingriffskondiktion von Bereicherung aus fremdem Gut und formuliert dann: „Es ist das Wesen des absoluten Rechts, daß es dem Inhaber ein Gut zuweist[10]." Auch Mestmäcker[11] verwendet den Begriff „Zuweisungsgehalt" ausschließlich für absolute Rechte[12].

Das Verdienst der Lehre vom Zuweisungsgehalt besteht darin, daß sie vermocht hat, den Anwendungsbereich des Auffangtatbestandes der Bereicherung „in sonstiger Weise" sachgerecht einzuschränken. In ihrem sachlichen Substrat, daß die Rechte des Gläubigers Inhalt und Grenze des Anspruchs aus Bereicherung „in sonstiger Weise" bestimmen, verdient diese Lehre daher Zustimmung und hat sie auch gefunden[13].

2. Wenn auch die Lehre vom Zuweisungsgehalt den Angriffen von Jakobs standhält, was den Inhalt des Bereicherungsanspruchs anlangt (Wertersatz oder Gewinnherausgabe)[14], bestehen doch manche Einwände von Jakobs gegen sie zu Recht. So ist die — häufig formelhafte — Verwendung des Begriffs Zuweisungsgehalt irreführend. Mit Recht hat Jakobs den Begriff Zuweisungsgehalt inhaltlos genannt[15]. Ebenso ist der Wertung von Jakobs zuzustimmen, daß die Lehre vom Zuweisungsgehalt „statt einer Begründung nur die Behauptung des Zubegründenden" gibt[16]. Der Hinweis auf den Zuweisungsgehalt ist nur eine Scheinbegründung für die Erkenntnis, daß die Inanspruchnahme fremden Gutes einen Bereicherungsanspruch nach § 812 Abs. I Satz 1 auslöst.

---

[9] *Heck* S. 421 hat den Begriff „Zuweisungsgehalt" in die rechtswissenschaftliche Literatur eingeführt.
[10] *von Caemmerer* S. 229.
[11] *Mestmäcker* JZ 1958, 521 f.
[12] Expressis verbis haben allerdings weder *von Caemmerer* noch *Mestmäcker* noch sonst irgend jemand gesagt, nur die absoluten Rechte hätten Zuweisungsgehalt. *Fikentscher* S. 614 und *von Caemmerer* S. 231 erwähnen sogar die Forderung als kondiktionsbegründendes Recht, meinen aber nur die Fälle des § 816 Abs. II, also die Forderung hinsichtlich ihrer Zuordnungsfunktion, die ja nach heute wohl herrschender Lehre absolut gegen Eingriffe Dritter geschützt ist, nicht nur nach § 816 Abs. II, sondern auch nach § 823 Abs. I. Die Forderung als solche, d. h. als Anspruchsbeziehung zwischen Gläubiger und Schuldner, wird dagegen nicht als kondiktionsbegründendes Recht angesehen.
[13] Grundlegend *Wilburg* a.a.O.; ihm folgend *von Caemmerer* S. 229; *Larenz* II S. 368 f.; *Esser* II S. 365 f.; *Mestmäcker* S. 523; *Kleinheyer* S. 473; *Medicus* S. 288 f.; gegen die Lehre vom Zuweisungsgehalt vor allem *Jakobs* a.a.O.
[14] s. o. S. 75 f. (§ 14).
[15] *Jakobs* S. 103.
[16] *Jakobs* S. 24.

§ 16 Der Wertersatzanspruch wegen vertragswidriger Verfg. 87

Eine Analyse des Begriffs Zuweisungsgehalt ergibt, daß es sich dabei nur um ein anspruchsvolles Wort zur Umschreibung der Tatsache handelt, daß Rechte ihrem Inhaber bestimmte Befugnisse zuordnen, deren widerrechtliche Ausübung durch andere die Eingriffskondiktion begründet. Da zur Bestimmung der aus einem Recht fließenden Befugnisse der Inhalt eben dieses Rechts maßgebend ist, kann es sachlich auch nur vom Inhalt des Rechts abhängen, ob eine — die Eingriffskondiktion auslösende — Beeinträchtigung des Rechts erfolgt ist. Nur wenn man unter Zuweisungsgehalt diese besondere bereicherungsrechtliche Funktion des Rechtsinhalts versteht[17], ist die Bezeichnung zutreffend. Aber selbst dann ist die Verwendung des Begriffs wenig förderlich, ja sogar überflüssig und nicht unbedenklich, weil sie den Blick auf das eigentliche Problem eher verstellt und zu Scheinbegründungen geradezu verführt[18]. Meines Erachtens sollte daher auf die Verwendung des Begriffs Zuweisungsgehalt im Zusammenhang mit der Eingriffskondiktion verzichtet werden.

3. Demgemäß ist auch die Frage des bereicherungsrechtlichen Schutzes der Forderung nicht mit der Bemerkung abzutun, die Forderung sei nur ein relatives Recht und habe keinen Zuweisungsgehalt. Tatsächlich gibt es keine dem Bereicherungsrecht vorgegebenen absoluten Rechte[19]. Für die Frage des bereicherungsrechtlichen Schutzes des Forderungsrechts kommt es vielmehr darauf an, ob nach dem Inhalt des Forderungsrechts die Verwertung des Forderungsgegenstandes in Widerspruch zu der Rechtsgüterordnung steht.

Dem Inhaber der Forderung ist der Forderungsgegenstand noch nicht zugeordnet; er kann nur kraft des Forderungsrechts verlangen, daß ihm der Forderungsgegenstand zugeordnet wird. Diese Rechtsposition des Forderungsberechtigten hat Dulckeit als „relatives Eigen" am Schuldgegenstand gekennzeichnet, das sich bei Hinzutritt der erforderlichen Erfüllungshandlung in das Vollrecht verwandle[20]. Die Vorstellung vom relativen Eigen am Schuldgegenstand kann zu Mißverständnissen führen, weil sie die positiv-rechtliche Tatsache verschleiert, daß die Existenz eines Forderungsrechts keine Änderung der Zuordnung des Gegenstandes herbeizuführen vermag.

---
[17] Man verwendet — soweit ersichtlich — den Begriff Zuweisungsgehalt ausschließlich in diesem bereicherungsrechtlichen Zusammenhang.
[18] Der Begriff Zuweisungsgehalt legt vor allem den Fehlschluß nahe, daß es sich dabei um eine besondere, vom allgemeinen Rechtsinhalt verschiedene Eigenschaft handelt, die einige Rechte haben, andere dagegen nicht. In diesem Sinne hat z. B. *Mestmäcker* S. 521 f. den Begriff verwendet und ist zu dem Ergebnis gekommen, das allgemeine Persönlichkeitsrecht und das Recht am Gewerbebetrieb haben im Gegensatz zu Eigentum, Patent- und Urheberrecht keinen Zuweisungsgehalt. Dagegen treffend *Jakobs* S. 103 f.
[19] *Fikentscher* S. 612.
[20] *Dulckeit* S. 43.

Wenn auch die Forderung keine zuordnungsändernde Wirkung hinsichtlich des Schuldgegenstandes hat, so ist sie doch Bestandteil der Rechtsgüterordnung. Die Verwertung des Schuldgegenstandes durch den Eigentümer - Schuldner bedeutet eine Beeinträchtigung des Anspruchs des Gläubigers und steht daher im Widerspruch zu dieser Rechtsgüterordnung bzw. — gemäß der Terminologie der h. L. — zum Zuweisungsgehalt des schuldrechtlichen Anspruchs. Auch das mit nur relativer Wirkung ausgestattete Forderungsrecht ist also Grundlage der Bereicherungshaftung und kann eine Eingriffskondiktion auslösen[21].

4. Allerdings ergeben sich aus der Einordnung der Forderung in die Kategorie der relativen Rechte gewisse Besonderheiten hinsichtlich der Bereicherungshaftung. So kann wegen des Charakters der Forderung als eines relativen Rechts die Verwertung des Schuldgegenstandes durch einen Dritten, außerhalb der Anspruchsbeziehung Stehenden keine Eingriffskondiktion des Gläubigers begründen.

Oertmann[22] hat schon entschieden bestritten, daß ein Dritter überhaupt imstande sei, das lediglich zwischen Schuldner und Gläubiger bestehende Rechtsband der Obligation zu verletzen: Man könne zwar, je nachdem, die Person des Gläubigers, des Schuldners oder den geschuldeten Gegenstand beschädigen, aber nie das unkörperliche Band des Schuldverhältnisses, mag es auch durch die Folgen jener Verletzung, etwa wegen eingetretener Unmöglichkeit der Leistung, beeinträchtigt werden.

Dieses begriffsjuristische Argument hat Titze[23] durch den Hinweis entkräftet, daß man auf diese Weise zu einer Negation des Begriffs der Rechtsverletzung überhaupt gelangen würde; denn auch eine Eigentumsverletzung geschehe nicht durch eine Beeinträchtigung des zwischen dem Eigentümer und der Sache bestehenden „iuris vinculum" — Eigentum genannt —, sondern dadurch, daß auf die Sache selbst eingewirkt werde. Da das Recht in dem Gegenstand, an welchem es bestehe, verletzt werde, könne man auch, wenn jemand ein Forderungsrecht auf eine Sache habe, sagen, dieses Forderungsrecht werde verletzt, indem ein anderer es dadurch vereitle, daß er die den Gegenstand der Obligation bildende Sache beschädigt oder zerstört.

Trotz dieser treffenden Einwände Titzes gegen die Argumentation Oertmanns hat Oertmann im Ergebnis recht, daß Dritte das Forde-

---

[21] Daß eine Eingriffskondiktion in diesen Fällen interessengerecht ist, wurde bereits eingangs dieser Überlegungen dargestellt. Die Erkenntnis der Sachgerechtigkeit einer Eingriffskondiktion hat diese Untersuchungen erst veranlaßt.
[22] a.a.O., § 823, 3 d (S. 1384).
[23] a.a.O. S. 332.

§ 16 Der Wertersatzanspruch wegen vertragswidriger Verfg.

rungsrecht nicht verletzen können. Die richtige Begründung dafür lautet, daß der Rechtsbefehl aus der Forderung — im Gegensatz zu den Rechtsbefehlen aus den sogenannten absoluten Rechten — sich nicht gegen jedermann, sondern nur gegen den Schuldner richtet: Im Verhältnis zum Gläubiger ist nur der Schuldner verpflichtet, nur sein Handeln im Widerspruch zu dieser Verpflichtung stellt eine Rechtsverletzung und deshalb auch einen „Eingriff" im Sinne der Lehre von der Eingriffskondiktion dar.

Nicht zugestimmt werden kann der von Fabrizius zu dem verwandten Problem des deliktischen Schutzes von Forderungsrechten vertretenen Auffassung, daß eine Rechtsverletzung nicht notwendig mit der Verletzung einer eigenen Pflicht des Verletzers identisch und es somit auch möglich ist, von einer Beeinträchtigung des Forderungsgegenstandes seitens eines Dritten als von einem Eingriff des Dritten in das Forderungsrecht zu sprechen[24]. Fabrizius verkennt, daß gerade das Verpflichtungselement das subjektive Recht gegenüber dem „allgemeinen gesellschaftlichen und rechtlichen Dürfen"[25] unterscheidbar macht. So hat Eltzbacher das subjektive Recht definiert: „Die Tatsache, daß eine Rechtsvorschrift um jemandes willen einen anderen einschränkt, ist das, was wir ein Recht nennen[26]." Das subjektive Recht enthält immer Berechtigung und Verpflichtung, die beide nur verschiedene Aspekte derselben Sache sind. Die Abspaltung der Verpflichtungsseite entwertet die Begriffe „subjektives Recht" und „Rechtsverletzung". Dafür aber ist ein Bedürfnis nicht hinreichend dargetan[27, 28].

---

[24] *Fabrizius* S. 273 f.
[25] *Lange*, Allg. Teil. S. 81.
[26] *Eltzbacher* S. 104. Diese Definition ist zu weit, weil sie auch bloße rechtlich geschützte Interessen erfaßt; sie bringt aber treffend zum Ausdruck, daß die Verpflichtungsseite ein Essentiale des subjektiven Rechts ist.
[27] Die Konstruktion von *Fabrizius* hat den erklärten Zweck, den deliktischen Schutz von Forderungsrechten gegen Eingriffe Dritter in den Forderungsgegenstand in den Fällen zu ermöglichen, daß die Forderungen zu sozialtypisch offenkundigen Rechtsgütern erstarkt sind. Hierzu hätte es der Aufspaltung des subjektiven Rechts in eine Berechtigungs- und eine Verpflichtungskomponente mit der Folgerung, auch der nicht Verpflichtete könne ein subjektives Recht verletzen, nicht bedurft, sondern man hätte dasselbe Ergebnis weniger umständlich und unter Anerkennung des gesetzlichen Begriffs des subjektiven Rechts erzielen können, indem man die sozialtypische Erkennbarkeit bzw. die typische Kenntnis (*Fabrizius* S. 303 f.) zur Begründung dafür herangezogen hätte, daß Dritte diese Rechtsgüter zu respektieren verpflichtet seien. Auch dadurch hätte man solche Forderungen den sogenannten absoluten Rechten bezüglich des Schutzes nach § 823 Abs. I gleichgestellt.
[28] Noch eine andere Auffassung zur Rechtsnatur der Forderung vertritt *von Lübtow*, Pfandrechte, der die Forderung als Sicherungsmittel für ein angebliches „Anrecht" betrachtet: „Das Pfandrecht sichert nicht die persönliche Forderung, sondern dasselbe Anrecht, das auch durch die Forderung gesichert wird. Es mag paradox klingen, ist aber nicht zu bezweifeln: keines der beiden Sicherungsmittel ist dem anderen akzessorisch, aber beide sind akzes-

§ 16 Der Wertersatzanspruch wegen vertragswidriger Verfg.

Entgegen den Thesen von Fabrizius zu der Möglichkeit der Verletzung von Forderungsrechten durch nicht schuldende Dritte gilt also: Auf Grund des Forderungsrechts hat im Verhältnis zum Gläubiger nur der Schuldner die Verwertung des Forderungsgegenstandes zu unterlassen, das allerdings selbst dann, wenn er — wie in der Regel — Eigentümer des Forderungsgegenstandes ist, er also kraft seines Eigentums jedermann die Einwirkung auf den Gegenstand verbieten kann. Zugunsten des Gläubigers entsteht daher nur bei Verwertung des Forderungsgegenstandes durch den Schuldner ein Bereicherungsanspruch gemäß § 812 Abs. I Satz 1 in der Form der Eingriffskondiktion, während die Verwertung durch Dritte eine Eingriffskondiktion des dinglich am Schuldgegenstand Berechtigten auslöst — im Regelfall also des Schuldners selbst[29].

5. Daß vom Tatbestand her keine Einwände gegen die Anwendung des § 812 Abs. I Satz 1 im Fall der Verwertung des Schuldgegenstandes durch den Schuldner bestehen, gibt auch Esser zu, wenn er sagt: „Forderungsrechte haben zwar einen Zuweisungsgehalt, unterliegen aber hinsichtlich der Eingriffsfolgen gesetzlicher Sonderregelung[30]." Esser will also die allgemeine Eingriffskondiktion des § 812 Abs. I Satz 1 neben dem Surrogationsanspruch des § 281 Abs. I nicht aus Tatbestands-, sondern aus Konkurrenzgründen ausschließen. Eine Begründung für seine Auffassung gibt Esser nicht. Wie allen anderen[31] ist es auch ihm selbstverständlich, daß für die Anwendung des § 812 Abs. I Satz 1 bei Beeinträchtigung von Forderungsrechten durch Eingriff des Schuldners kein Raum ist.

Offenbar geht man ganz allgemein davon aus, daß die gesetzliche Regelung der Leistungsstörungen im Schuldverhältnis eine abschließende Regelung der Eingriffe des Schuldners in das Forderungsrecht enthält. So selbstverständlich ist das indessen nicht. Da vom Wortlaut des Gesetzes her die Gewährung einer Eingriffskondiktion im Falle

---

sorisch insofern, als sie wegfallen, wenn das Anrecht durch freiwillige Zahlung befriedigt ist" (S. 347). Für das hier erörterte Problem ergeben sich aus der grundsätzlich anderen Ansicht *von Lübtows* keine abweichenden Konsequenzen, da auch *von Lübtow* dem Forderungsrecht nicht den Charakter eines relativen Rechts bestreitet: „Das mit einer Forderung verknüpfte Zugriffsrecht hat an sich nur relative Wirkung. Es steht dem Austausch und Wechsel der Vermögensgegenstände nicht entgegen... Wenn mehrere selbständige Zugriffsrechte verschiedener Gläubiger miteinander kollidieren, gilt der Grundsatz der Prävention" (S. 331).

[29] Deren Abtretung der Gläubiger vom Schuldner gemäß § 281 Abs. I verlangen kann.

[30] *Esser*, 2. Aufl., S. 807. In der 3. Aufl. findet sich dieser Satz nicht mehr.

[31] Außer einem Hinweis von *Jakobs* S. 153, Fußnote 4 (am Ende), der meint, daß das Problem einer besonderen Untersuchung bedürfe, und der oben wiedergegebenen Bemerkung von *Esser* findet sich in der gesamten Literatur keine Stellungnahme zu diesem Problem. Man zieht einfach die Anwendung des § 812 Abs. I Satz 1 überhaupt nicht in Erwägung.

### § 16 Der Wertersatzanspruch wegen vertragswidriger Verfg.

der Verwertung des Forderungsgegenstandes durch den Schuldner nicht ausgeschlossen ist, ist das Verhältnis zwischen allgemeinem Schuldrecht und Bereicherungsrecht danach zu bestimmen, ob die Geltendmachung einer Eingriffskondiktion neben den sonstigen Rechtsbehelfen des Gläubigers wegen Leistungsstörungen im Schuldverhältnis sachgerecht und sinnvoll ist oder ob sie das Gefüge des allgemeinen Schuldrechts zerreißen und sein System sprengen würde. Eine Untersuchung gemäß dieser Fragestellung ist bisher niemals unternommen worden. Sie soll sich hier in der Form anschließen, daß nunmehr die praktischen Auswirkungen der Anerkennung der Forderung als Grundlage der Eingriffskondiktion im Hinblick auf etwaige Überschneidungen mit Regelungen, die im allgemeinen Teil des Schuldrechts für den Fall der Verwertung des Forderungsgegenstandes durch den Schuldner selbst getroffen sind, dargestellt werden.

II. 1. Eine Kongruenz von allgemeinem Schuldrecht und Bereicherungsrecht ergibt sich, wenn der Schuldner den Forderungsgegenstand zu eigenem Vorteil verwertet und dadurch die Erfüllung seiner Leistungspflicht unmöglich macht, also bei anderweitiger Veräußerung und Eigenverbrauch. Das allgemeine Schuldrecht macht einen Ersatzanspruch des Gläubigers davon abhängig, ob der Schuldner die Unmöglichkeit seiner Leistung im Sinne der §§ 276 ff. zu vertreten hat: Nur wenn die Unmöglichkeit vom Schuldner zu vertreten ist, kann der Gläubiger nach §§ 280, 325 Schadensersatz verlangen. Da Schadensersatz immer Wertersatz für den geschuldeten Gegenstand einschließt, ist der sich gemäß §§ 812 Abs. I Satz 1, 818 auf Wertersatz für den Forderungsgegenstand richtende Bereicherungsanspruch neben dem Schadensersatzanspruch aus §§ 280, 325 ohne Bedeutung.

2. a) Hat der Schuldner die Leistungsunmöglichkeit nicht zu vertreten, so bestehen nach allgemeinem Schuldrecht keine Ersatzansprüche neben dem Ersatzherausgabeanspruch des § 281 Abs. I. Hingegen spielt für die Eingriffskondiktion die Frage des Vertretenmüssens keine Rolle; gemäß §§ 812 Abs. I Satz 1, 818 kann der Gläubiger daher vom Schuldner Herausgabe der diesem durch die Verwertung zugeflossenen Bereicherung in Form von Wertersatz verlangen. An dieser Fallkonstellation muß sich die Interessengerechtigkeit der Eingriffskondiktion als Rechtsbehelf des Gläubigers bei Verwertung des Schuldgegenstandes durch den Schuldner erweisen.

Mit der Gewährung der Eingriffskondiktion im Falle der Verwendung des Forderungsgegenstandes durch den Schuldner zu eigenem Vorteil wird jedenfalls nicht die verbindliche gesetzliche Interessenbewertung, wie sie in §§ 275 ff., 323 ff. zum Ausdruck gekommen ist, außer acht gelassen. Dem Schadensersatzrecht einerseits und dem

§ 16 Der Wertersatzanspruch wegen vertragswidriger Verfg.

Bereicherungsrecht andererseits liegen verschiedene Gerechtigkeitsprinzipien zugrunde, so daß sich das Argument verbietet, der Ausschluß des Schadenersatzanspruchs bedeute, daß das Gesetz auch andere Ausgleichsansprüche, die sich aus demselben Sachverhalt herleiten, nicht zulassen will. Das läßt das Gesetz selbst dadurch erkennen, daß es in § 281 Abs. I einen Anspruch des Gläubigers gegen den Schuldner auf Herausgabe des rechtsgeschäftlichen Surrogates konstituiert, der unabhängig davon besteht, ob der Schuldner die Unmöglichkeit zu vertreten hat oder nicht, also einen Anspruch, der insofern dem Bereicherungsanspruch verwandt ist. § 275 besagt nur, daß der Schuldner von der primären Leistungsverpflichtung frei wird, dagegen will und kann er nicht die Entstehung von Bereicherungsansprüchen wegen Forderungsverletzungen verhindern. Das System des Gesetzes erlaubt somit die Gewährung einer Eingriffskondiktion im Falle der Eigenverwertung des Forderungsgegenstandes durch den Schuldner[32].

b) Dem stehen auch Billigkeitsgesichtspunkte nicht entgegen. Im Gegenteil, die Eingriffskondiktion ist auch als Rechtsbehelf gegen die Beeinträchtigung von Forderungsrechten sachgerecht und sinnvoll. Daß in vielen Fällen anderweitiger Veräußerung des Forderungsgegenstandes durch den Schuldner die Gewährung eines Wertersatzanspruchs eine interessengerechte Verbesserung der Rechtsstellung des Gläubigers darstellt, ist schon alsbald nach Inkrafttreten des Bürgerlichen Gesetzbuches erkannt worden[33]. Daß dies bei Verbrauch des Forderungsgegenstandes nicht anders ist, sei an folgendem Beispielsfall demonstriert:

*In einem Briefvermächtnis*[34] *hat der Erblasser bestimmt, daß nach seinem Tode sein Freund F die Haustiere erhalten soll. Der Erbe, der von dem Briefvermächtnis keine Kenntnis hat, schlachtet nach dem Tode des Erblassers das zum Nachlaß gehörende Schwein. Als*

---

[32] Auch § 281 vermag nicht, die §§ 812 ff. zu verdrängen; einmal schon deshalb nicht, weil § 281 nur einen Teil des Anwendungsbereichs der Eingriffskondiktion tatbestandsmäßig erfaßt. Zum anderen sind dieselben Erwägungen durchschlagend, die es verbieten, § 816 Abs. I Satz 1 als lex specialis gegenüber 812 Abs. I Satz 1 anzusehen (dazu s. o. S. 80 f., § 15).

[33] Vgl. *Kisch, Römer, v. Mayr, H. A. Fischer, Freund, Stieve, Becker,* jeweils a.a.O. (dazu im einzelnen S. 72 f., § 13). Diese Erkenntnis war für mich überhaupt der Anlaß, die Problematik der Eingriffskondiktion wegen Verwertung des Forderungsgegenstandes durch den Schuldner zu erörtern. Im Unterschied zu der Auffassung der genannten Autoren bin ich allerdings der Ansicht, daß unabweisbare Interessen des Gläubigers verlangen, ihm den Wertersatzanspruch nicht anstatt, sondern alternativ neben dem Surrogationsanspruch zuzubilligen.

[34] Das Vermächtnis ist der häufigste Fall eines einseitigen Schuldverhältnisses nach §§ 241—305; *Lange,* Erbrecht, S. 261; und gerade im Zusammen-

### § 16 Der Wertersatzanspruch wegen vertragswidriger Verfg.

*der Vermächtnisnehmer F sich meldet und das Schwein vom Erben herausverlangt, hat dieser den größten Teil des Schweinefleisches bereits verzehrt. F verlangt von dem Erben Wertersatz.*

Es läßt sich wohl nicht bestreiten, daß es unbillig wäre, in diesem Fall dem Vermächtnisnehmer einen Anspruch gegen den Erben auf Erstattung des „Verbrauchswertes" des Schweins zu versagen. Grundlage eines Wertersatzanspruchs kann hier aber nur die Eingriffskondiktion (§§ 812 Abs. 1 Satz 1, 818) sein.

3. Außer durch Verbrauch und Veräußerung kann der Forderungsgegenstand noch durch Gebrauch verwertet werden. Somit kann auch der Gebrauch des Forderungsgegenstandes durch den Schuldner den Tatbestand der Eingriffskondiktion erfüllen. Dabei ist jedoch eine Einschränkung zu beachten: Nicht jeder Gebrauch des Forderungsgegenstandes steht im Widerspruch zur Rechtsgüterordnung, sondern nur der, der dem Schuldner nach dem Inhalt des Schuldverhältnisses untersagt ist. Oft wird es dem Schuldner gestattet sein, den Forderungsgegenstand bis zur Erfüllung seiner Leistungspflicht zu nutzen. So ist zum Beispiel der Verkäufer eines Gebrauchtwagens in der Regel nicht verpflichtet, den Gebrauch des Wagens bis zur Übergabe an den Käufer zu unterlassen. Hingegen wird der Käufer eines fabrikneuen Kraftfahrzeugs vom Verkäufer verlangen können, daß das Fahrzeug vor Übergabe nicht genutzt wird. Ebenso steht die Nutzung des Forderungsgegenstandes dem Gläubiger und nicht dem Schuldner zu, wenn der Erfüllungszeitraum überschritten ist, ohne daß es darauf ankommt, ob der Schuldner die Verzögerung seiner Leistung zu vertreten hat, also unter den Voraussetzungen nur des § 284, nicht auch des § 285. Zum Beispiel:

*Jemand kauft einen Gebrauchtwagen. Aus Gründen, die der Verkäufer nicht zu vertreten hat, verzögert sich die Übergabe um ein halbes Jahr. Während dieser Zeit benutzt der Verkäufer den Wagen weiter.*

Ein anderes Beispiel:

*A kauft eine Eigentumswohnung von B. Er zahlt einen Teil des Kaufpreises. Im notariellen Kaufvertrag ist vereinbart, daß der restliche Kaufpreis von DM 50 000,— bei Fertigstellung der Wohnung gezahlt werden soll. Nach Fertigstellung der Wohnung übergibt B dem A die Wohnungsschlüssel.*

---

hang mit einseitigen Schuldverhältnissen gewinnt die Eingriffskondiktion praktische Bedeutung.

*Ein Jahr später verlangt B von A die DM 50 000 nebst 12 %/o Zinsen seit Fertigstellung der Wohnung. Er trägt vor, daß A vom Zeitpunkt der Fertigstellung der Wohnung an einen ungerechtfertigten Vorteil dadurch gehabt hat, daß er nicht die üblichen Darlehenszinsen in Höhe von 12 %/o zahlen mußte.*

In diesen Fällen erscheint die Gewährung der auf Herausgabe der Gebrauchsvorteile gerichteten Eingriffskondiktion keineswegs unangemessen, sondern im Gegenteil durch die Interessenlage gerechtfertigt. Es muß das gleiche gelten, wie wenn jemand eine fabrikneue Sache kauft und der Verkäufer sie bis zum Liefertermin nutzt.

In den Gebrauchsfällen ist also jeweils sorgfältig zu prüfen, ob nach dem Inhalt des Schuldverhältnisses die Nutzung des Forderungsgegenstandes durch den Schuldner zulässig war. Nur bei Unzulässigkeit des Gebrauchs steht die Nutzung des Forderungsgegenstandes durch den Schuldner im Widerspruch zur Rechtsgüterordnung, die insoweit von dem Inhalt des Schuldverhältnisses bestimmt wird, und löst zugunsten des Gläubigers eine Eingriffskondiktion aus.

III. Das Ergebnis der vorstehenden Überlegungen ist, daß die Verwertung des Forderungsgegenstandes durch den Schuldner zu eigenem Vorteil die Eingriffskondiktion gemäß § 812 Abs. I Satz 1 zugunsten des Inhabers der Forderung begründet, weil das interessengerecht ist. Als Formen der Verwertung kommen — wie oben ausgeführt — Verbrauch, Veräußerung und Gebrauch in Betracht. Für das hier erörterte Problem der anderweitigen Veräußerung des Forderungsgegenstandes durch den Schuldner ergibt sich somit, daß der Gläubiger neben dem Anspruch aus § 281 Abs. I eine Eingriffskondiktion gemäß §§ 812 Abs. I Satz 1, 818 Abs. II geltend machen kann.

Damit stellt sich die Frage nach dem Verhältnis zwischen dem Anspruch aus § 281 und dem aus § 812. Es kann darauf verwiesen werden, was oben für das Verhältnis zwischen § 816 Abs. I Satz 1 und § 812 Abs. I Satz 1 gesagt worden ist: Der Gläubiger kann nach freiem Ermessen bestimmen, welchen Anspruch er verfolgen will, den aus §§ 812 Abs. I Satz 1, 818 auf Wertersatz bis zur Höhe der noch bestehenden Bereicherung des Schuldners oder den aus § 281 Abs. I auf Herausgabe des Veräußerungserlöses.

Stammt die Forderung aus einem gegenseitigen Vertrag, so ist hinsichtlich der Behandlung des Gegenanspruchs geboten, § 323 Abs. II nicht nur anzuwenden, wenn der Gläubiger den Erlöserausgabeanspruch gemäß § 281 Abs. I geltend macht, sondern entsprechend auch dann, wenn er gemäß § 812 Abs. I Satz 1 i. V. m. § 818 Abs. II Wertersatz wegen der Verwertung des Gegenstandes durch den Schuldner verlangt. Große praktische Bedeutung kommt dem Wertersatzanspruch im Rahmen gegenseitiger Verträge daher nicht zu[35].

## § 17 Schlußbemerkungen und Zusammenfassung

Nach alledem verbietet es sich, die Eingriffskondiktion ausschließlich unter dem Aspekt der Bereicherung aus *fremdem* Gut zu behandeln, wie von Caemmerer das tut[1], da jede Verwertung zu eigenem Vorteil, die in Gegensatz zu der Rechtsgüterordnung tritt, und das gilt auch für die Verwertung *eigenen* Gutes, das Gegenstand fremden Forderungsrechts ist, die Eingriffskondiktion auslöst. Auf dem Boden der hier vertretenen Auffassung werden auch alle jene Lösungsversuche obsolet, die mit Recht daran Anstoß genommen haben, daß der Gläubiger nach §§ 816 Abs. I Satz 1, 281 Abs. I nur das Surrogat in seiner konkreten — vom Schuldner mit dem Verfügungsempfänger vereinbarten — Form herausverlangen kann und die deshalb §§ 281 Abs. I, 816 Abs. I Satz 1 so interpretieren, daß der Gläubiger nicht das Surrogat, sondern nur Wertersatz verlangen kann.

Meine Auffassung zu diesem Problemkreis fasse ich wie folgt zusammen:

Der Gläubiger eines Anspruchs auf Herausgabe des rechtsgeschäftlichen Surrogates kann auf Grund des Surrogationsanspruchs nur die Gegenleistung in ihrer konkreten Form verlangen.

Mit den Surrogationsansprüchen konkurriert notwendig ein Anspruch auf Wertersatz gemäß § 812 Abs. I Satz 1 (Eingriffskondiktion). Im Ergebnis hat der Gläubiger eines Surrogationsanspruchs daher ein Wahlrecht, ob er Herausgabe des rechtsgeschäftlichen Surrogates oder Wertersatz für den Verfügungsgegenstand bis zur Höhe der noch vorhandenen Bereicherung des Schuldners fordern will.

---

[35] Bedeutung erlangt § 812 Abs. I Satz 1 bei gegenseitigen Verträgen nur in solchen Fallgestaltungen: Der Gläubiger hat vom Schuldner eine Sache zu einem Preis gekauft, der erheblich niedriger ist als der Wert des Kaufgegenstandes. In entschuldbarer Unkenntnis seiner Verpflichtung gegenüber dem Gläubiger tauscht der Schuldner die Sache gegen eine andere gleichwertige Sache, die aber für den Gläubiger wertlos ist. Gemäß § 812 Abs. I Satz 1 kann nunmehr der Gläubiger einen Anspruch auf Ersatz des höheren Wertes der Kaufsache gegen den Schuldner geltend machen und braucht nur seinerseits den niedrigeren Kaufpreis zu entrichten.

[1] *von Caemmerer* S. 284 f.

## Schrifttumsverzeichnis

*Allermann:* Beiträge zur Lehre von der Unmöglichkeit der Leistung, Diss., Erlangen 1908.
*Baur:* Lehrbuch des Sachenrechts, 6. Aufl., München 1970.
*Becker:* Der Anspruch des Eigentümers auf den Erlös aus unberechtigter Verfügung, Mannheim - Berlin - Leipzig 1936.
*Beyer:* Die Surrogation bei Vermögen im BGB, Marburg 1905.
*Blomeyer:* Allgemeines Schuldrecht, 4. Aufl., Berlin 1969.
— Der Anspruch auf Wandlung und Minderung, AcP 151, 97.
*Boehmer:* Grundlagen der Bürgerlichen Rechtsordnung, 2. Buch, 2. Abteilung, Tübingen 1952.
*Boetticher:* Besinnung auf das Gestaltungsrecht, Festschrift für Dölle 1963.
*Brox:* Die Einschränkung der Irrtumsanfechtung, Karlsruhe 1960.
*v. Caemmerer:* Gesammelte Schriften, Bd. I: Rechtsvergleichung und Schuldrecht, Tübingen 1968.
*Dölle:* Eigentumsanspruch und Ersatzherausgabe, Die Reichsgerichtspraxis im deutschen Rechtsleben, 3. Bd., S. 22, Berlin und Leipzig 1922.
— Juristische Entdeckungen, Tübingen 1958.
*Dulckeit:* Die Verdinglichung obligatorischer Rechte, Tübingen 1958.
*Enneccerus - Lehmann:* Lehrbuch des Bürgerlichen Rechts, II. Bd.: Recht der Schuldverhältnisse, 15. Bearbeitung, Tübingen 1958.
*Enneccerus - Nipperdey:* Lehrbuch des Bürgerlichen Rechts, I. Bd.: Allgemeiner Teil, 15. Aufl., Tübingen 1960.
*Erman:* Handkommentar zum Bürgerlichen Gesetzbuch, 4. Aufl., Münster 1967.
*Esser:* Lehrbuch des Schuldrechts, 2. Aufl., Karlsruhe 1960, 4. Aufl., Karlsruhe 1970 (Bd. 1), 3. Aufl. 1969 (Bd. 2).
*Eltzbacher:* Die Handlungsfähigkeit nach deutschem Bürgerlichen Recht, Bd. 1, Berlin 1903.
*Fabrizius:* Zur Dogmatik des „sonstigen Rechts" gemäß § 823 Abs. I BGB, AcP 160, 273.
*Fikentscher:* Schuldrecht, 2. Aufl., Berlin 1969.
*Fischer, H. A.:* Bereicherung und Schaden, Festschrift Zitelmann, München - Leipzig 1913.
*Flume:* Allgemeiner Teil des bürgerlichen Rechts, Zweiter Band: Das Rechtsgeschäft, Berlin - Heidelberg - New York 1965.
— Eigenschaftsirrtum und Kauf, Münster 1948.
*Freund:* Der Eingriff in fremde Rechte als Grund des Bereicherungsanspruchs, Breslau 1902.

*Georgiades:* Die Anspruchskonkurrenz im Zivilrecht und Zivilprozeßrecht, München 1968.
— Die Eigentumsanwartschaft beim Vorbehaltskauf, Tübingen 1963.
*Haselhoff:* Voller Ersatz für Sachschäden, NJW 1947/48, 286.
*Heck:* Grundriß des Schuldrechts, Tübingen 1929.
*Hellwig:* Lehrbuch des deutschen Zivilprozeßrechts, Leipzig 1903/09.
*Himmelmann:* Die Ersatzherausgabe nach § 281 Abs. 1 BGB, Diss., Münster 1965.
*Hirsch - Pleyer:* Einführung in das Bürgerliche Vermögensrecht, 4. Aufl., Berlin 1968.
*Horst:* Querverbindungen zwischen Aufopferungsanspruch und Gefährdungshaftung einerseits und Aufopferungsanspruch und Eingriffserwerb andererseits, Berlin 1966.
*Hubmann:* Das Persönlichkeitsrecht, 2. Aufl., Köln - Graz 1967.
*Jakobi:* Der Rechtsbegriff der Bereicherung mit dem Schaden eines anderen, Iherings Jahrb. 4, 159.
*Jakobs:* Eingriffserwerb und Vermögensverschiebung in der Lehre von der ungerechtfertigten Bereicherung, Diss., Bonn 1963.
*Kisch:* Die Wirkungen der nachträglich eintretenden Unmöglichkeit der Erfüllung bei gegenseitigen Verträgen, Jena 1900.
*Klapproth:* Zur analogen Anwendung des § 281 BGB auf den Eigentumsherausgabeanspruch (bei zufälligem Untergang der geschuldeten Sache). MDR 1965, 525.
*Kleinheyer:* Eingriffsbereicherung durch unbefugte Nutzung und Wertersatz, JZ 1961, 473.
*Koppensteiner:* Probleme des bereicherungsrechtlichen Wertersatzes, NJW 1971, 588.
*Kress:* Lehrbuch des Allgemeinen Schuldrechts, München 1929.
*Kuhlenbeck:* Von den Pandekten zum Bürgerlichen Gesetzbuch, Berlin 1899.
*Kühne:* Die Übertragbarkeit von Gestaltungsrechten, Diss., Rostock 1929.
*Lange:* BGB: Allgemeiner Teil, (Studienbuch), 11. Aufl., München 1969.
— Lehrbuch des Erbrechts, München - Berlin 1962.
*Larenz:* Lehrbuch des Schuldrechts, 1. Band, 10. Aufl., München 1970; 2. Band, 9. Aufl., München 1968.
*Lautz:* Fälle analoger Anwendung des § 816 BGB, Emsdetten 1936.
*Leonhard:* Allgemeines Schuldrecht des BGB, München - Leipzig 1929.
*Löwenthal:* Der Übergang der Gestaltungsrechte unter Lebenden und von Todes wegen, Diss., Köln 1932.
*Lopau:* Noch einmal: Der Rückerwerb des Nichtberechtigten, JuS, 1971, S. 233.
*v. Lübtow:* Beiträge zur Lehre von der condictio nach römischem und geltendem Recht, Berlin 1952.
— Die Struktur der Pfandrechte und Reallasten, Festschrift für Heinrich Lehmann, Berlin - Tübingen - Frankfurt 1956.
*v. Mayr:* Der Bereicherungsanspruch des deutschen bürgerlichen Rechts, Leipzig 1903.
*Medicus:* Bürgerliches Recht, 2. u. 3. Aufl., Köln - Berlin - Bonn - München 1969, 1970.

*Mestmäcker:* Eingriffserwerb und Rechtsverletzung in der ungerechtfertigten Bereicherung, JZ 1958, 521.

*Motive:* Zu dem Entwurf eines Bürgerlichen Gesetzbuches für das Deutsche Reich, Bd. 2: Recht der Schuldverhältnisse, Bd. 3: Sachenrecht, Berlin - Leipzig 1888, 1896.

*Mugdan:* Die gesamten Materialien zum Bürgerlichen Gesetzbuch, II. Bd.: Recht der Schuldverhältnisse, Berlin 1899.

*Oertmann:* Kommentar zum Bürgerlichen Gesetzbuch, Recht der Schuldverhältnisse, 5. Aufl., Berlin 1928/29.

*Palandt:* Bürgerliches Gesetzbuch mit Nebengesetzen, 30. Aufl., München - Berlin 1971.

*Piper:* Vertragsübernahme und Vertragsbeitritt, Köln - Berlin 1963.

*Planck:* Kommentar zum Bürgerlichen Gesetzbuch, II. Bd.: Recht der Schuldverhältnisse, 4. Aufl., 1914/28.

Reichsgerichtsrätekommentar: Das Bürgerliche Gesetzbuch, 10./11. Aufl., Berlin 1959/1968.

*Reinicke:* Der Schutz des guten Glaubens beim Erwerb einer Vormerkung, NJW 1964, 2373.

*Remé:* Die Gestaltungsrechte im Privatversicherungsrecht, Diss., 1927.

*Römer:* Ist § 281 BGB auf das durch Rechtsgeschäft erlangte Entgelt anwendbar?, AcP 119, 293.

*Roth:* Das nachträgliche Unvermögen des Schuldners, JuS 1968, 101.

*Sauter:* Die Surrogation im BGB: Begriff und Rechtswirkung, Diss., Erlangen 1934.

*Schlochoff:* Die Gestaltungsrechte und ihre Übertragbarkeit, Diss., Breslau 1933.

*Schloßmann:* Der Irrtum über wesentliche Eigenschaften der Person und der Sache nach dem Bürgerlichen Gesetzbuch, Jena 1902.

*Schulz,* Fritz: System der Rechte auf den Eingriffserwerb, AcP 105, 1.

*Seckel:* Die Gestaltungsrechte des Bürgerlichen Rechts, Festschrift für Koch, 1903.

*Seefried:* Der § 281, Diss., Erlangen 1905.

*Seidel:* Anwendbarkeit des § 816 BGB auf nachträglich wirksam werdende Verfügungen, Leipzig 1930.

*Soergel - Siebert:* Bürgerliches Gesetzbuch mit Einführungsgesetz und Nebengesetzen, 10. Aufl., Stuttgart - Berlin - Köln - Mainz, erscheint seit 1967.

*Sohm:* Der Gegenstand, Leipzig 1905.

*v. Staudinger:* Kommentar zum Bürgerlichen Gesetzbuch mit Einführungsgesetz und Nebengesetzen, 11. Aufl., Berlin, erscheint seit 1957.

*Stieve:* Der Gegenstand des Bereicherungsanspruchs nach dem Bürgerlichen Gesetzbuch, Straßburg 1899.

*Stoll:* über Kühne „Die Übertragung von Gestaltungsrechten", AcP 135, 234.

*Stoll,* Hans: Das Anwartschaftsrecht des gutgläubigen Vorbehaltskäufers, (OLG Karlsruhe NJW 1966, 885), JuS 1967, 12.

*Tils:* Zur Abtretbarkeit von Gestaltungsrechten, Diss., Köln 1933.

*Titze:* Die Unmöglichkeit der Leistung nach deutschem bürgerlichen Recht, Leipzig 1900.

*v. Tuhr:* Der allgemeine Teil des deutschen bürgerlichen Rechts, Bd. 2: 1. und 2. Teil, München - Leipzig 1914.

— Zum Begriff der Verfügung nach BGB, AcP 117, 193.

*Viebig:* Das Surrogationsprinzip und unser Bürgerliches Gesetzbuch, Diss., Leipzig 1933.

*Waltermann:* Die Übertragbarkeit von Gestaltungsrechten im Rahmen von Geschäftsbesorgungen, Diss., Münster 1968.

*Weimar:* Die Kondizierbarkeit von Anfechtungsrechten gemäß § 816 BGB, JR 1934, 221.

*Westermann:* Lehrbuch des Sachenrechts, 5. Aufl., Karlsruhe 1966.

*Wiegand:* Der Rückerwerb des Nichtberechtigten, JuS 1971, 62.

*Wilburg:* Die Lehre von der ungerechtfertigten Bereicherung nach österreichischem und deutschem Recht, Graz 1934.

*Wolff - Raiser:* Sachenrecht, 10. Bearbeitung, Tübingen 1957.

Printed by Libri Plureos GmbH
in Hamburg, Germany